Gisela Kremer
Einfach glücklich

Gisela Kremer

Einfach glücklich

Marion von Schröder

Der Marion von Schröder Verlag ist ein
Unternehmen der Econ & List Verlagsgruppe.

Copyright © 1998 by
Marion von Schröder Verlag GmbH,
in der Verlagshaus Goethestraße GmbH & Co KG,
München.
Gesetzt aus der Souvenir
bei Franzis-Druck GmbH, München
Druck und Bindung: Spiegel. Ulm
ISBN: 3-547-75668-5

Inhalt

Vorwort

Die Seele in die Balance bringen

Glück ist die Gesundheit der Seele.
HANS LOHBERGER

Die Seele in die Balance bringen – wenn man das schafft, ist man dem Glück nah. Und der Gesundheit.

Ich habe mir über diesen Zusammenhang viele Gedanken gemacht. Wenn ich ehrlich bin, dann muß ich zugeben, daß diese Fragen mich schon seit über zehn Jahren bewegen: Wie kommt die Seele in die Balance? Wie halte ich sie in der Balance? Wie werde ich glücklich? Wie bleibe ich glücklich?

Ich habe ein privates Büchlein angelegt, in welchem ich mir die Erfahrungen, Tips, Hinweise und Ratschläge von vielen Menschen notiert habe, die mir in wichtigen Momenten meines Lebens geholfen haben, die Seele in die Balance zu bringen und glücklich in der Balance zu halten. Über Freunde und Familie, Geistliche und Lehrer, Nachbarn und Management-Trainer konnte ich Erfahrungen aus Europa, Asien und Amerika sammeln.

Alle Menschen, mit denen ich sprach, haben ihre ganz individuellen Vorstellungen von der seelischen Balance. Und sie teilten mir ihre sehr persönlichen Ansichten und Konzepte, Ideen und Vorschläge mit, die ich alle über die Jahre hinweg gesammelt habe. Ihre Zitate genauso wie die persönlichen Übungen oder empfohlenen Aktivitäten. Oder einfach nur eine Geschichte.

Alle Empfehlungen, Tips und Übungen erfordern keinen wirklich großen Aufwand, um sie umzusetzen oder zu leben. Sie gründen in der Vereinfachung des Alltags und des Lebens. Es sind zum Teil sehr simple Erkenntnisse, die Sie vielleicht auch schon gehabt haben und tatsächlich bereits im täglichen Leben umsetzen. Vielleicht ist es gerade die Schlichtheit mancher Einsichten, die sie so bestechend machen.

Mein Mann nennt viele Abschnitte meines persönlichen Notizbuches eine »Entrümpelungskur für das Leben«. Für mich ist es mehr. Es hat mich ein gutes Stück weiter gebracht auf dem langen Weg zu meiner ganz persönlichen Zufriedenheit, meinem täglichen Wohlgefühl. Und das weiß mein Ehemann auch. Deswegen drängt er mich schon seit Jahren, mein handschriftliches Notizbüchlein anderen Menschen zugänglich zu machen. Ich habe lange darüber nachgedacht, ob ich es mir erlauben darf, Ihnen meine persönlichen Erfahrungen als Ratschlag zu übergeben. »Unter Freunden ist alles gemeinsam«, zitierte meine beste Freundin, eine Yoga-Anhängerin, das chinesische Sprichwort und spornte mich zusätzlich an. Ich hatte von diesem Moment an genügend Mut. Die eine oder andere Passage habe ich allerdings ergänzt. Und es gibt Raum für Ihre eigenen Erfahrungen.

Es würde mich sehr glücklich machen, wenn Ihnen mein Lebensbüchlein auf dem Weg zur seelischen Balance und zum Glück ein wenig weiterhilft

Köln, im Februar 1998   *Gisela Kremer*

Ein paar Gedanken

Verrücktes modernes Leben

> *Wir loben die alten Zeiten,*
> *doch wir leben in den unsrigen.*
> OVID

Eine Freundin aus den Vereinigten Staaten zitierte einen Zeitungsbericht:

Eheleute in den USA sprechen nur durchschnittlich zwölf Minuten am Tag miteinander.

Nur vierzig Minuten pro Woche spielen Eltern mit ihren Kindern.

Mehr als die Hälfte der Amerikaner kriegen nicht genug Schlaf.

Bizarre Welt. Und das ist bei uns bestimmt kaum anders. Natürlich gibt es Unterschiede, doch habe ich das Gefühl, daß wir immer in Eile sind. Obwohl wir schnelle Autos haben, die uns prompt an jeden Ort fahren. Versandhäuser, die alles nach Hause liefern. Telefone, die uns mit jedem Punkt der Welt verbinden.

Fehlt uns wirklich nur die Zeit? Oder haben wir vielleicht vergessen, was wichtig ist?

Hören wir auf unsere innere Stimme, wenn sie darum bettelt, alles etwas langsamer zu machen oder mehr Zeit mit unserer Familie zu verbringen?

Auf einer Reise nach Asien las mein Mann mir einen Magazinbeitrag vor: In Japan kommt es vor, daß junge erfolgreiche Ehepaare mit wenig Zeit Familien anheuern, um ihre Eltern besuchen zu lassen. Die Menschen auf der Karriereleiter haben offensichtlich so wenig Zeit, daß sie – um die Tradition des Besuchens aufrechtzuerhalten – auf »Leihpersonen« zurückgreifen. Das klingt für unsere Ohren wahrscheinlich so, wie es für einen familienorientierten Maori aus Neuseeland wirken mag, daß wir in unserer Kultur Menschen dafür bezahlen, daß sie uns dabei zuhören, wie wir über unsere Eheprobleme sprechen.

Aber wir haben in unserer modernen Zeit noch mit ganz anderen Problemen zu tun: Das zunehmende Single-Dasein bietet vielen Menschen ein Leben in manchmal unfreiwilliger Einsamkeit. Dazu kommt die oft selbstverantwortete Langeweile im Job und in der Freizeit. Oder der Streß, der unsere Gesundheit belastet. Gewalt macht sich breit. Die Medien lieben es, darüber zu berichten. Oft bekommen wir zu hören, daß der Boden, auf dem wir stehen, die Luft, die wir atmen, und das Wasser, das wir trinken, durch die fehlende Balance des Ökosystems verschmutzt und manchmal sogar giftig sind.

Wie sollen wir da eine Balance finden? Wo sollen wir das Glück suchen? Diese Fragen stellen sich Millionen Menschen jeden Tag aufs neue. Und sie scheinen Antworten zu finden, denn sonst würden sie nicht mehr lachen und diesen Tag genießen können.

Wenn ich spüre, daß ein Mensch sein Leben ganz besonders genießt, dann spreche ich mit ihm und frage ihn, worin seine Freude besteht. Die Antworten sind sehr ähnlich: Es gibt so viele schöne Dinge – auch in der bizarren modernen Welt. Und so viele Erfolge, zum Beispiel in der Gesundheitsversorgung oder im Wohnkomfort. Es ist wichtig, daß man diese Erfolge nicht einfach übersieht.

In der Gegenwart leben,
das heißt in der Gegenwart
auf die beste Weise handeln,
ist Weisheit.
LEO N. TOLSTOI

Hindernisse auf dem Weg
zum Glück

Es gibt unendlich viele Hindernisse auf dem Weg zum persönlichen Wohlbefinden. Und wir beschäftigen uns unentwegt mit diesen unangenehmen Gedanken. Sobald wir nicht mehr an ein spezifisches Ziel denken, sondern den Gedanken freien Lauf lassen, halten sich die positiven und negativen Gedanken nicht mehr die Balance. Die Probleme überwiegen. Ich habe oft darüber nachgedacht, womit das zusammenhängen könnte. Ein Grund ist wahrscheinlich, daß die schlechten Dinge – das was wir als negativ definieren – in unserem Leben zu überwiegen scheinen. Es gibt mehr »Schlechtes« – zumindest in unserem Bewußtsein – weil das, was wir als »gut« empfinden, seltener ist. Denke ich zum Beispiel an meine Gesundheit, dann gibt es nur einen einzigen positiven Zustand: Ich bin gesund. Aber es gibt unendlich viele Krankheiten und Schmerzen, die meinen Körper belasten können. Meine Gedanken halten sich aber nicht mit der einen »normalen« Situation der Gesundheit auf, sondern mit der problematischen, der vielleicht zu erwartenden Krankheit.

So ist es auch bei einem Autokauf. Im Normalfall ist das Auto, wenn ich es neu kaufe, okay und hat keine Fehler. Darüber denke ich aber nicht nach. Mein Gehirn geht alle Eventualitäten durch, die eintreten könnten: Der Wagen verliert vielleicht doch Öl. Irgend etwas könnte klappern.

Es gibt einen sehr wirksamen Trick, um die Anzahl der negativen Gedanken, die das Glück zerstören, zu verringern: Man muß seine Erwartungen ganz einfach etwas herunterschrauben. Das ist natürlich kein Aufruf dazu, sich mit allem abzufinden. Wenn Sie aber zum Beispiel zu sich selber sagen, daß Sie diesen Prüfungstag selbst mit einer Erkältung locker bewältigen können, dann läßt die Anzahl der durchgespielten Krankheitsszenarien sofort nach. Und wenn Sie dann hinzufügen: »Selbst wenn ich diese eine Sache nicht schaffe, dann gibt es ja noch eine andere

Chance«, dann steigt Ihre Zufriedenheit unversehens.

Das Negative hat in unserem Leben eine so hohe Anziehungskraft entwickelt, daß wir damit zuviel psychische Energie vergeuden. Sei es bei der Lektüre von Unfallberichten oder dem Zusehen von im Fernsehen übertragenen Blutbädern. Wir dürfen nicht vergessen, daß das Negative immer die Ausnahme ist. Wer unentwegt darüber nachdenkt, was alles danebengehen könnte, der wird nie wissen, wie schön das Leben sein kann.

Auf der Suche nach dem verlorenen Glück

So heißt eines meiner liebsten Bücher. Die Amerikanerin Jean Liedloff hat es nach einem Aufenthalt im Dschungel Venezuelas geschrieben. Sie war fasziniert vom offenkundigen Glück der Ureinwohner und verbrachte über zwei Jahre bei ihnen. Und sie belegte, daß wichtige Wurzeln dieses glücklichen Lebens im liebevollen Umgang dieser Menschen mit ihren Kindern liegen.

Der lange Aufenthalt in Venezuela war ein großer Schritt für eine junge Frau, die eine Stelle als Mannequin bei Dior dafür ablehnen mußte und die gute Verbindungen zur Zeitschrift »Vogue« hatte. Aber ihre Entscheidung ist wieder ein Beweis dafür, daß die Suche nach dem Glück für uns ein sehr wichtiges Unterfangen ist. Und die Suche hat kein Ende: Über Jahrhunderte hinweg haben sich ganze Schulen von Glückssuchern entwickelt, in denen darüber gestritten wurde, ob nun das einfache Leben im Kloster, in der Gruppe oder auf dem Land vorzuziehen sei. Auch das Aussteigen, die Flucht in exotische Welten oder das autarke Leben wurden als Weg zum Glück ausprobiert. Zur Zeit wird die »neue Askese« von Intellektuellen propagiert. Hans Magnus Enzensberger schreibt: »Der Luxus der Zukunft verabschiedet sich vom Überflüssigen und strebt nach dem Notwendigen, von dem zu befürchten ist, daß es nur noch den Wenigsten zu Gebote stehen wird. Das, worauf es ankommt, hat kein Duty-Free-Shop zu bieten: 1. Die Zeit … 2. Die Aufmerksamkeit … 3. Der Raum … 4. Die Ruhe … 5. Umwelt … 6. Die Sicherheit … Wer davon nur eines hat, der hat nichts davon.«

Lesenswert ist in diesem Zusammenhang Henry David Thoreau, der amerikanische Gelehrte, der zeitweise ein schlichtes Leben im Wald führte und »Einfachheit, Einfachheit, Einfachheit« lehrte. Ob das einsame, einfache Leben in der Natur nun der einzige Weg zu Zufriedenheit und Glück ist, muß jeder für sich allein entscheiden. Mit einem hatte er aber schon damals recht: »Es wird zu schnell gelebt.«

Das wäre paradiesisch...

> *Wir sind unsere eigenen Teufel,*
> *wir vertreiben uns*
> *aus unserem Paradiese.*
> JOHANN WOLFGANG VON GOETHE

Das Paradies auf Erden – wie oft habe ich mich gefragt, was man sich konkret darunter vorzustellen habe. Ein sorgenloses Dasein, Essen und Trinken ohne Mangel, gesund und heiter, ohne die Bedrohung durch einen Krieg, ein Erdbeben oder eine Reaktorkatastrophe. Und vor allem kein unentwegter Kampf ums Überleben.

Jeder hat solche Wünsche in seinen Tagträumen schon gehabt, mußte aber beim Erwachen feststellen, daß die Realität anders aussieht. Tatsächlich sind diese Art von Paradiesvisionen nicht neu. Sie sind gerade dann in einer Gesellschaft aktuell, wenn die Menschen sich in ihr nicht mehr wohl fühlen. Das kann viele Gründe haben. In Zeiten gesellschaftlicher Umbrüche sucht man eben nach Geborgenheit. Und das Nachdenken über das

Hier und Jetzt hat dann Konjunktur. In einigen Punkten scheinen sich die Vorstellungen und Hoffnungen der Menschen bei dem Thema »paradiesisches Leben« aber zu ähneln:

Alle Menschen wollen in Zukunft, um glücklicher zu sein, mehr Zeit: »Raus aus der alltäglichen Routine« und »Mehr Zeit für das Wesentliche«. Das Problem kennen wir alle. Tatsächlich heißt mehr Zeit haben, auch mehr Freiheit zu haben, um sich den Dingen zu widmen, die einem wichtig erscheinen. Denn ohne einen Sinn in unserem Leben kommt schnell Leere auf. Ich bin mir sicher, daß vielen Menschen bei der Frage nach Sinn, Begriffe wie Familie, Glaube, aber auch Natur einfallen. Und tatsächlich müssen alle diese Bereiche in einer Balance sein, um von einem glücklichen Leben zu sprechen. Oder die Gesundheit. Kein Kranker würde sich mehr wünschen, um glücklich zu sein, als die Gesundheit. Er würde kaum von Geld sprechen. Da bin ich mir sicher.

Meine ganz persönlichen
Herzenswünsche:

....

....

....

Es ist tatsächlich möglich

Einfach beginnen

Die einzige Freude auf der Welt
ist das Anfangen.
Es ist schön zu leben,
weil Leben Anfangen ist,
immer, in jedem Augenblick.
CESARE PAVESE

Glück und Zufriedenheit haben wenig mit Reichtümern zu tun. Sonst könnten Menschen mit einem mittleren Einkommen nicht wirklich glückliche Menschen sein. Und das ist schließlich nicht richtig. Glück und Zufriedenheit haben etwas mit *Zeit* zu tun. Mit Zeit, Freiheit, aber auch mit Gesundheit.

Die glücklichsten Menschen, die ich kennenlernte, waren Menschen, die in ihrem Leben nur wenig Ballast mit sich trugen. Sie haben all die Dinge, die Zeit, Nerven und Geld kosten, aus ihrem Leben verbannt. Systematisch. Sie haben sich gefragt, ob sie ein Auto brauchen für die paar Kilometer, die sie in der Woche fahren, oder ob es nicht billiger ist, sich mit Taxi und Zug fortzubewegen. Dann haben sie eine Entscheidung getroffen. Jetzt sparen sie Geld und haben Zeit gewonnen. Es gibt unendlich viele Tips zur Vereinfachung und Entrümpelung des Alltags. Ich selbst habe mit meinem Mann sehr viele Dinge realisiert – doch darüber später mehr. Das Problem, vor dem aber jeder steht, der sein Leben maßgeblich verändern will, ist der *Anfang*. Es ist schwer aus dem Alltagstrott herauszukommen und die Entscheidung, jetzt zu beginnen, beherzt zu treffen. Wir kennen das alle: Wir steigen in ein Auto, fahren gedankenverloren los und kommen irgendwo anders an, als wir tatsächlich hinwollten. Wir wollten zum Bäcker fahren und stehen vor dem Supermarkt. Die Macht der Gewohnheit ist enorm. Gilt das nur für eine so belanglose Sache im Leben oder auch für die ganz großen Richtungsentscheidungen?

Eine Stelle im Roman »Seeleben« von Werner Koch trifft das Problem sehr genau: »Am See ändert sich mein Lebensgefühl. Ich will in den drei Urlaubswochen all das gutmachen, was ich mir in Köln versaue: am See gehe ich spazieren, schwimme, schwitze mir den Bauch ab, will gesund bleiben und ganz, ganz lange leben. Doch wenn ich dann wieder am Schreibtisch sitze, zur Konferenz muß oder Briefe diktiere, dann vergesse ich den See, rauche Zigaretten – wenn auch mit Filter –, trinke Whisky-Soda, lasse mich mit dem Taxi zum Friseur oder Arzt fahren, und mir wird so egal, ob der See Fische hat ... und wie lange ich lebe ...«

Ich war sehr froh zu lesen, daß es der Protagonist in dem Roman dann doch schaffte – und an den See zog, um dort seiner Arbeit nachzugehen.

Es ist schwer, etwas ganz Neues zu beginnen. Es ist lästig, alte Routinen aufzugeben. Aber es kann sehr wichtig für das ausgeglichene Leben und das Glücksgefühl werden. Mein erster Schritt bestand darin aufzuschreiben,

– was ich in meinem Leben tatsächlich erreichen wollte
– was ich dazu tatsächlich benötigte und was nicht
– welche Dinge ich zuerst verändern würde und wie.

Das Vereinfachen und Verändern eines Lebens kostet Zeit. Und wir können auch Fehler machen. Wir überschätzen uns sehr schnell, wenn wir beispielsweise in hochmotivierter Laune entscheiden, auf das Fernsehen zu verzichten, und dann einen liebgewonnenen Film am Samstagabend nicht schauen können. Ich kann nur zur Behutsamkeit raten, wenn es um die Veränderung des Lebensumfeldes geht. Das Gespräch mit einem Freund oder Verwandten kann dabei sehr hilfreich sein und »extreme« Entscheidungen, zu denen wir uns gelegentlich hinreißen lassen, abschwächen.

Auf lange Sicht ist es aber ein guter Weg, wenn wir Gewohnheiten gelegentlich verändern. Fangen Sie an! Und wenn es nur dafür ist, den Geist wachzuhalten und der Seele zu signalisieren, daß Sie ihr noch etwas Neues bieten wollen – in der Hoffnung, daß sie sich freut.

> *Die wichtigste Frage ist die, ob du zu dem, was du vorhast, ein herzhaftes »Ja« sagen kannst.*
> Joseph Campbell

Meine Bestandsaufnahme

Der Geist des Anfängers hat viele Möglichkeiten,
der Geist des Kundigen hat wenige.
AUS DEN LEHRREDEN DES BUDDHA

Wenn wir die Absicht haben, unser Leben effizienter zu gestalten, müssen wir zunächst Bilanz ziehen. Aus der Analyse entwickeln wir dann einzelne Schritte für die Zukunft. Die Schritte wären sinnlos und führten in die Irre, wenn wir nicht vor unserem Handeln eine ehrliche Bestandsaufnahme gemacht hätten.

Am besten halten Sie Ihre Überlegungen schriftlich fest. Das hilft Ihnen beim Sortieren der Gedanken. Sie haben dann Notizen, die Ihnen Denkpausen und ruhiges Überlegen ermöglichen. Nehmen Sie sich genug Zeit, Papier und Schreibgerät.

Eine schriftliche Bestandsaufnahme beruht auf folgenden Fragen:

1. Wo bin ich?
2. Was will ich?
3. Was brauche ich?

Nehmen Sie ein Blatt Papier und teilen Sie die Seite in zwei Hälften. In die eine Hälfte zeichnen Sie ein Pluszeichen für alles Positive. In die andere Hälfte zeichnen Sie ein Minuszeichen für alles Veränderungswürdige und Unangenehme. Denken Sie zunächst über die Vergangenheit nach, die Sie an den Platz geführt hat, an dem Sie jetzt stehen. Dann stellen Sie fest, womit Sie zufrieden oder unzufrieden sind.

Überdenken Sie Ihre persönliche Entwicklung, Ihre beruflichen Fähigkeiten, Ihre besonderen Talente und Qualifikationen, die Stärken Ihres Charakters, den äußeren Status, die Rollen und Verpflichtungen gegenüber Ihren Mitmenschen, Ihr jetziges Leben.

Unter das Pluszeichen schreiben Sie alle Eigenschaften und Begebenheiten Ihres Lebens, die folgende spontane Reaktion in Ihnen auslösen:

Das will ich beibehalten! Das ist gut! Das will ich nicht missen! Das will ich verbessern! Das macht mich glücklich!

Unter das Minuszeichen schreiben Sie alle Eigenschaften und Begebenheiten Ihres Lebens, die diese spontanen Reaktionen in Ihnen auslösen:

Das macht mich betrübt! Das will ich nicht

behalten! Das will ich ändern! Das stinkt mir! Das ist nicht mein Ding!

Vielleicht lassen Sie den Zettel einige Tage liegen, sehen ihn immer wieder an. Ergänzen Sie, aber streichen Sie nichts. Schließlich ist eine Bestandsaufnahme keine Kritik am eigenen Leben. Lassen Sie sich Zeit. Überdenken Sie Ihr Leben in Ruhe.

Der zweite Schritt ist der Blick in die Zukunft. Nehmen Sie ein neues Blatt Papier. Die Überschrift lautet: Was will ich? Alles ist erlaubt. Schreiben Sie Ihre Wunschträume auf, machen Sie sich Notizen. Nichts wird zensiert. Nichts ist unmöglich. Betrachten Sie das Ergebnis. Finden Sie heraus, was Sie wollen. Erlauben Sie sich, das herauszufinden.

Der dritte Schritt ist der schwierigste. Stellen Sie nun eine Verbindung zwischen Ihrer Bestandsaufnahme und Ihren Wunschträumen her. Entwickeln Sie eine Strategie Ihres Handelns.

Ihre Vergangenheit können Sie nicht ändern. Die Zukunft ist offen und ungewiß. Sie bestimmen den Weg und die Ziele selbst.

Die Fragmente sammeln

Ein Fragment muß gleich einem kleinen Kunstwerke von der umgebenden Welt ganz abgesondert und in sich selbst vollendet sein wie ein Igel.
FRIEDRICH SCHLEGEL

Man kann den Teil nicht verlieren, ohne daß das Ganze wanke.
NICCOLÓ MACHIAVELLI

Es gibt Tage, an denen wir aufräumen. Wir stehen vor dem Kleiderschrank und fragen uns, welche Kleidung aussortiert werden sollte. Welche Schuhe schon seit langem verschlissen sind.

Wir sitzen vor dem Schreibtisch und wundern uns über die Ansammlung von Zeitungsausschnitten, Notizzetteln, Adressen, über fremd klingende Halbsätze auf vergilbtem Papier zu einem längst vergessenen Thema.

Wir nehmen einen Karton zur Hand, der in der Rumpelkammer stand, und kramen in alten Briefen, vergessenen Tagebüchern, halbbeschrifteten Ansichtskarten, sehen Fotos unbekannter Menschen, die uns anlächeln, Schulzeugnisse, alte Kontoauszüge, verstaubte Akten.

Kennen Sie solche Momente? Wie in diesen stillen Stunden vor der Umzugshektik?

Und Sie werden wehmütig. Dem Menschen wollten Sie schon längst geschrieben haben, mit jenem unbedingt Kontakt halten. Das ist die Notiz eines Traums, den Sie sich erfüllen wollten. Und jenes Erlebnis wollten Sie nie vergessen – und es ist doch fremd geworden.

Manches in unserem Leben bleibt skizzenhaft, angedeutet, wie eine Notiz, unvollendet. Oft ist es aber gerade das Fragmentarische, das uns anzieht. Denken Sie an Zeichnungen Leonardo da Vincis, an Franz Schuberts Sinfonie »Die Unvollendete«, an Notiz- und Tagebücher berühmter Schriftsteller.

Auch eigene Erlebnisse können diese Anziehung haben, wie nie realisierte Pläne, ziellose Begegnungen in unserem Leben, Luftschlösser aller Art.

Waren die Begegnungen weniger schön, nur weil es keinen Abschluß gab? Weil wir uns anderen Menschen zuwandten? Sind die nicht gereiften Pläne und die nicht gebauten Schlösser überflüssig, weil kein Spatenstich getan wurde? Weil sie sich nicht durch einen abschließenden Kommentar in den Griff kriegen lassen? War nicht der längst abgelegte Traum einst eine starke, tragende Motivation, ohne die wir nicht gehandelt hätten?

Es ist wichtig, auch das Unvollendete als Teil des eigenen Weges anzuerkennen. Eine gewisse Schönheit liegt in diesen skizzenhaften Erfahrungen. Akzeptieren Sie auch das. Schließlich kann es noch zur Vollendung gebracht werden. Wenn Sie wollen. Ein großes Werk braucht eine lange Zeit der Entwicklung. Und vielleicht ist das Fragment der Beginn einer ganz neuen kreativen Idee. Etwas Geduld ist da schon gefragt. Und Geduld haben wir mit uns selbst ja am wenigsten.

Dann sollten wir aber zumindest anderen Menschen eine Chance geben. Vielleicht erwarten wir von jemandem, daß er mit uns ins reine kommt. Vielleicht ist das noch nicht möglich. Geben wir ihm Zeit und Raum zur Entfaltung, und auch zur Freiheit des Skizzenhaften.

Sammeln Sie in Liebe Ihre Fragmente. Auch sie sind Erkenntnisse, Teil Ihrer persönlichen Lebenswahrheit.

Das Leben ist mosaikhaft. Aus vielen Fragmenten ergibt sich ein Bild. Es ergeben sich geheimnisvolle Zusammenhänge, die sich nur Ihnen erschließen. Scheinbar unvereinbare Talente, Erfahrungen und Erlebnisse zeigen irgendwann den Reichtum ihres Charakters.

Manchmal sind wir unzufrieden, mutlos, traurig, weil sich »das Alles« nicht zum gefälligen Ganzen fügen mag. Weil wir hinter unseren eigenen Erwartungen zurückbleiben. Weil andere unsere Erwartungen nicht erfüllen. Das kann zu Enttäuschungen und bitteren Momenten führen. Wo ist die Harmonie, nach der wir uns sehnen?

Geduld ist das Zauberwort dieser stillen Stunde. Es braucht Klugheit und Mut, sich nicht zu quälen. Sich selbst und dem Wunsch nach Vollkommenheit Raum zu geben. Sie müssen nicht perfekt sein.

Es ist ein altmodisches Wort, das hier zu bedenken ist: *Demut*. Wir brauchen Demut, um uns mit den eigenen Ungereimtheiten zu versöhnen. Auch von anderen Menschen nicht die Perfektion zu erwarten. Der Wunsch nach Vollkommenheit ist verständlich. Aber er führt zur Lüge und zur Heuchelei, wenn wir die Unvollkommenheiten übertünchen wollen, mit denen wir alle zurechtkommen müssen. Seien wir nachsichtig und lernen wir, das Unvollendete zu lieben.

Erste Schritte

Das Leben vereinfachen

*Einfachheit heißt sehen, urteilen
und handeln von dem Punkt her,
in dem wir in uns selber ruhen.
Wie vieles fällt da weg! Und wie
fällt alles andere in die rechte Lage.*
DAG HAMMARSKJÖLD

Glück und ein gewisses Maß an *Einfachheit* gehören für mich seit langem zusammen. Ballast verbraucht unnütze Energie und Zeit. Um einfach glücklich zu sein, brauchen wir viel Zeit. Damit das Leben einfacher und glücklicher wird, sollten wir uns auf unser inneres Wachstum konzentrieren. Wir müssen die Aktivitäten aus unserem Leben verbannen, die uns von einem neuen Weg abbringen.

Ich habe mich daher schon vor vielen Jahren auf die Suche nach den Zeiträubern gemacht. Welche Dinge, Tätigkeiten oder alte Gewohnheiten sind überflüssig, freudlos, langweilig? Welche Ziele und Ansprüche sind unbedacht und dienen nicht dem Glück?

Es gibt Hunderte von kleinen Veränderungen auf dem Weg zum einfachen Leben. Sie könnten beispielsweise über folgende Fragen nachdenken: Brauchen Sie einen Zweitwagen? Ist eine Fahrgemeinschaft sinnvoller, sogar angenehmer? Lesen Sie die Zeitschriften, die Sie abonniert haben? Macht die neue Stereoanlage mehr Spaß als die alte, oder ist sie ein Zugeständnis ans Imponiergehabe? Verbringen Sie Ihren Urlaub dort, wo Sie sein möchten? Reisen Sie in die Ecken der Welt, die Sie in Ihren Träumen immer wieder vor sich gesehen haben? Brauchen Sie alle Informationen, die Sie täglich durch die Medien aufnehmen? Sehen Sie sich die Videofilme an, die Sie aufgenommen oder gekauft haben? Lesen Sie die Bücher, die Sie kaufen? Wäre der Lesegenuß genauso groß, wenn Sie die Bücher nur ausleihen würden? Hören Sie Ihre CDs regelmäßig? Tun Sie in Ihrer Freizeit, was Sie tun möchten? Oder schlagen Sie die Zeit tot? Haben Sie Angst, etwas zu verpassen?

Wir alle verbrauchen Zeit und Energie für Tätigkeiten, die nicht mit unseren wahren Wünschen im Einklang sind. Um aber wieder einen Zugang zu unserem Innersten zu finden, brauchen wir Muße.

Deshalb ist das der erste Schritt zum einfachen, glücklichen Leben: *Zeit*. Für sich selbst. Für die Stille. Um konzentriert nach-zudenken. Um nichts zu tun. Um allein zu sein. Um endlich eine schöne Stunde mit einem Freund, einer Freundin zu verbringen. Um nicht gehetzt irgendwohin zu gehen oder irgendwo zu verweilen, wo Sie nicht sein möchten. Nehmen Sie sich die Zeit zu leben.

Die erste Falle

Man muß der Zeit Zeit lassen.
ANGELO GIUSEPPE RONCALLI

Als ich begann, mir Zeit zu nehmen und meine wahren Wünsche zu beachten, habe ich entdeckt, daß nicht das Zeithaben allein schon wertvoll ist, sondern die *Qualität* des Zeithabens. Die Wichtigkeit, die die Tätigkeit hat, für die wir Zeit gewonnen haben, ist das entscheidende Kriterium für die neue erlebte Zeit.

Es nutzt nichts, wenn Sie nur den bisherigen Stundenplan durcheinanderwirbeln, um sich Zeit zu nehmen für die schönen Dinge. Wir erleben keine neue Qualität im Leben, wenn wir uns bei den Alltagsaktivitäten abhetzen, um die vielleicht ersparte halbe Stunde für eine stille Meditation zu nützen. Ein guter Freund meines Mannes hetzt zweimal wöchentlich von seinem Karrierejob über die Autobahn, um an Yogasitzungen teilzunehmen. Er wird sich nach solch einer Aktion eher erschöpfter, müder und ausgelaugter fühlen, als wenn er schlicht und einfach eine

Stunde früher ins Bett gegangen wäre. Man braucht mehr als nur eine kurze Spanne der Ruhe. Eine Zen-Sesshin, eine Meditations-Sitzung im Buddhismus, kann bis zu einer Woche dauern, mit kleinen Unterbrechungen, versteht sich.

Setzen Sie sich das Ziel, Ihr neues Leben aus einem Guß zu gestalten. Sie brauchen Ihre ganze Energie, um Ruhe in Ihr Leben zu bringen. Diese Entspannung muß sich auf den ganzen Tag auswirken und kann alle Ihre Aktivitäten verändern.

Sie wissen, daß Ihrer Konzentration nicht gedient ist, wenn Sie die Wochenendnächte auf lauten Partys verbringen und zum inneren Ausgleich am Montagabend eine Tai-Chi-Klasse besuchen.

Die Harmonie in unserem Leben, nach der wir streben, läßt sich nicht in einen Terminkalender pressen. Es ist umgekehrt: Der Terminkalender muß das Wissen um die innere Harmonie widerspiegeln. Keine Sorge. Sie haben Jahre Zeit, um Ihren persönlichen Lebensrhythmus zu finden und zu genießen.

Nehmen Sie sich diese Zeit. Und beginnen Sie heute.

Die Zeit-Frage:
Gibt es eine Sache, die Sie tun könnten (und
zur Zeit nicht tun), die Ihr Leben ganz wesentlich positiv verändern würde?

Meine ganz persönlichen Zeiträuber:

....
....
....
....
....
....
....
....
....
....
....
....
....
....
....
....

Verzicht ist Gewinn

Der Weise verzichtet auf alles,
worauf sich irgend verzichten läßt;
denn er weiß, daß jedes Ding
eine Wolke von Unzufriedenheit
um sich hat.
CHRISTIAN MORGENSTERN

Sie wünschen sich ein glückliches Leben, ein Leben, in dem die Seele in der Balance ist. Ein Weg dahin ist die Vereinfachung des Lebens und der Verzicht auf das Überflüssige. Das gilt sowohl in materieller als auch in zeitlicher Hinsicht. Sie könnten sich fragen: Muß ich jetzt auf alles verzichten, was mir an meinem alten Leben gefiel? Muß ich ein karges, schmuckloses, primitives Leben führen? Muß ich etwa in die Wildnis ziehen und in einem Zelt hausen? Darf ich noch die Heizung anmachen, das Zimmer tapezieren, ins Konzert gehen, Lippenstift benutzen?

Wie Sie wünschen. *Sie* entscheiden. Mit dem Verzicht ist keine Selbstgeißelung auf Dauer gemeint. Das Überflüssige sollte reduziert werden. Und dazu gehören ein bißchen

Fähigkeit zur Selbstkritik, aber auch Phantasie und kreative Suche: Manche Dinge, die uns nur von Wichtigem abhalten, fallen erst spät – wenn überhaupt – ins Auge: E-Mail ist für mich ein besonders schönes Beispiel dafür. Die elektronische Übermittlung von Nachrichten ist entwickelt worden, um das Leben einfacher zu machen. Und jeder moderne Computer läßt sich damit ausstatten. Aber oft liegen die schnell übertragenen Nachrichten tagelang genau dort: im Computer. Um eine kurze Nachricht, die früher per Postkarte oder Anruf zu uns gekommen wäre, zu bekommen, muß jemand seinen Rechner einschalten, den Text tippen, absenden – und am anderen Ende muß jemand das Gerät einschalten, die Datei aufrufen, warten und lesen. Wir werden oft von einem befreundeten Computerfreak angerufen, der uns ankündigt, daß eine E-Mail kommt … Es gibt eben Dinge, auf die ich verzichten kann.

Das war natürlich nur *ein* Beispiel, und es muß Ihre ganz persönliche Entscheidung sein, welche Dinge in Ihrem Leben wesentlich und unverzichtbar sind und welche für Sie keinen erkennbaren Wert erbringen. Niemand nimmt Ihnen Ihre Überlegungen ab. Gönnen Sie sich die nötige Ruhe, und treffen Sie Ihre Wahl überlegt. Dann werden Sie womöglich feststellen, daß Sie eine lange Zeit Ihres Lebens mit der Jagd nach Dingen verbracht haben, die Sie nicht glücklich machten und für Verdruß sorgten. Vielleicht stellen Sie fest, daß es Zeit ist, die Seele baumeln zu lassen und die Natur zu genießen, Freundschaften zu pflegen.

Schieben Sie alles, was Ihnen nichts oder wenig bedeutet, beiseite. Finden Sie die Dinge heraus, die Ihnen etwas bedeuten, und geben Sie diesen Ihre Zeit und Ihr Herzblut.

Diese Veränderung in Ihrem Leben kann bedeuten, daß Sie weniger unternehmen und sich von einigen Besitztümern trennen. Das ist kein Verzicht oder Askese, sondern Ihre freie Wahl zugunsten Ihres Lebensglücks.

Auf dem Teppich bleiben

Nach den Sternen schaue unbesorgt,
aber achte auf den Rinnstein.
KARL HEINRICH WAGGERL

In den USA las ich die Geschichte von einem fünfzehnjährigen Jungen namens John Goddard. John schaute vor vielen Jahren sehr motiviert und mit aller Freude in die Zukunft. Er hatte sich eine Liste angelegt mit den Zielen für sein Leben und nannte sie »Meine Lebensliste«. Und er notierte über 120 Ziele, die er sich fest vorgenommen hatte zu erreichen. Diese Liste umfaßte relativ leicht zu verwirklichende Ziele, wie »Pfadfinder werden« oder »die Niagarafälle sehen«. John hatte sich aber vor allem sehr Spektakuläres vorgenommen: eine Laufbahn in Medizin beginnen und medizinische Entdeckungen machen, die Encyclopedia Britannica lesen, Brasilien, das Matterhorn, den Nil, den Jangtse in China, Borneo, den Kongo, Alaska und Australien kennenlernen; den Mount Everest und den Kilimandscharo besteigen und vieles

John Goddard hat fast alle seine Ziele auf der Liste mit einem Häkchen versehen, sie Jahre später also erreicht. Und 1992 darüber ein Buch geschrieben, in dem er dem Leser stolz erklärt, daß eine solche Liste sehr hilfreich sei, um konkrete Erfolge zu erzielen – vor allem meßbar und nachweisbar zu erzielen. Ich war begeistert von der Idee und habe mich, wenn auch ein bißchen älter als John, daran gemacht, eine ähnliche Liste aufzustellen. Zwar ist es mir nicht gelungen, eine solche Vielzahl von spektakulären Zielen und Wünschen aufzuschreiben, doch kam ich auf immerhin 90 mehr oder weniger interessante Vorsätze und Hoffnungen. Hochgesteckt und konkret sollten meine Ziele sein. So oder ähnlich klang es mir im Ohr. Eine meiner besten Freundinnen war ebenfalls von der Idee begeistert. Sie legte sich auch eine Liste an, und wir arbeiteten von da ab fleißig an der Verwirklichung unserer Träume.

Bedauerlicherweise erkrankte meine Freundin. Sehr schwer sogar: Sie ist seit über zehn Jahren an ihr Haus gebunden und wird voraussichtlich nie mehr irgendwelche längeren Reisen machen können. Auf ihrer Lebensliste stehen aber – ähnlich wie bei dem engagierten Jungen John – allein über vierzig Reiseziele, die sie unbedingt sehen wollte. »Ich werde meine Lebensziele nie erreichen können«, sagte sie eines Tages zu mir, und ihre Stimme klang verzweifelt und traurig. »Das wäre wahr, wenn dein wirkliches Lebensziel darin besteht, als Tourist durch die Gegend zu jetten ...«, antwortete ich, und mir wurde klar, daß solche konkreten Lebenslisten verhängnisvolle Folgen für einen Menschen haben können. Wenn das Glück davon abhängt, daß wir einen Arbeitszettel von Wünschen abarbeiten, dann führen wir kein flexibles und spannendes Leben mehr. Wir binden viele Jahre an den Einfall einer Minute und denken möglicherweise gar nicht mehr so genau darüber nach, ob das alles Sinn macht. Und wenn etwas Einschneidendes in unserem Leben passiert? Dann drücken uns die zu hochfliegenden Pläne womöglich zusätzlich nach unten und schaden unserer seelischen Balance.

Sie halten ein Buch über das Glücklichsein in Ihren Händen. Sie haben damit ein klares Ziel vor Augen: Sie suchen die seelische Balance, die Ihre persönliche Zufriedenheit bedeutet. Dafür kann aber niemand ein Patentrezept geben. Eine »Lebensliste« mag dem einen Menschen helfen, kann den anderen aber in den Abgrund stürzen. Dennoch ist es wichtig, daß wir über das eigene Leben nachdenken, Schwierigkeiten aufdecken und erreichbare Wünsche formulieren, die wir dann ganz konkret – im Hier und Jetzt – angehen sollten.

Der große Traum vom Glück besteht aus vielen kleinen Schritten. Ich habe mir eine Wunschliste der konkreten Verbesserungen in meinem Alltag aufgestellt, die ich erarbeiten möchte, und war erstaunt, daß diese Liste seitenlang geworden ist. Sie handelt von meinem Einsatz im regionalen Umfeld, von dem Verhältnis zu meiner Familie und der persönlichen Weiterbildung. Und ich habe sie so angelegt, daß der erste Schritt sofort umsetzbar ist. Vieles konnte ich so in meinem Leben verbessern. Ich glaube, daß ich sogar etwas glücklicher geworden bin. Aber wie will man das genau messen? Eine Reise nach Alaska steht nicht auf der Liste. Auch wenn ich da gerne einmal hinwollte. Wer hindert mich daran, es irgendwann einmal zu tun? Ich kann aber auch ohne dieses Erlebnis glücklich sein.

Wir sollten also ein realistisches Ziel vor Augen haben. Und dann sofort über den ersten Schritt nachdenken. Visionen, die zu weit von der Gegenwart entfernt sind, deprimieren. Vor allem dann, wenn sie wirklich –

auch bei aller Kraftanstrengung – nicht erreicht werden können. Und das habe ich mit meiner Freundin erleben müssen.

Ein alter Spruch sagt: Rom wurde nicht an einem Tag erbaut. Wer ungeduldig ist und sich zuviel vornimmt, verliert den Mut, und die ersten Enttäuschungen auf dem Weg treffen hart.

Deshalb: Seien Sie freundlich zu sich selbst, und setzen Sie sich realistische Ziele. Achten Sie darauf, daß Sie genügend Zeit haben und eine Ihrem Innern und Ihrer Persönlichkeit angepaßte Geschwindigkeit für Ihren Wandel und Ihre Entwicklung finden.

Es wird Tage geben, in denen Sie sich im alten, hektischen Trott eines Lebens wiederfinden, von dem Sie glaubten, es längst hinter sich gelassen zu haben. Halten Sie inne. Besinnen Sie sich auf Ihre Wünsche und Ziele. Formulieren Sie Ihre Ansprüche neu, und setzen Sie wieder einen Fuß vor den anderen: »Jede Reise beginnt mit dem ersten Schritt.«

Machen Sie sich klar, welche Veränderung Ihnen besonders am Herzen liegt, und nehmen Sie den Faden dort wieder auf. Sie wollten jeden Morgen eine halbe Stunde früher aufstehen, um mehr Zeit für Ihre Gesundheit zu haben, jeden Abend Tagebuch schreiben, jeden Samstag spazierengehen, jeden Sonntag nur mit geliebten Menschen verbringen und nie mehr schlecht gelaunt, müde und enttäuscht von der Arbeit nach Hause kommen. So weit, so gut. Und lobenswert wie alle Vorsätze, die nach einem kleinen Schwips in der Silvesternacht gefaßt werden.

Der Wunsch nach dem glücklichen Leben verlangt aber Nüchternheit und die realistische Einschätzung der persönlichen Möglichkeiten. Wir sollten uns nicht verpflichtet fühlen, alle Schwächen auf einmal zu kurieren. Und die Kritik von außen sollte uns nicht von manchmal unbeholfenen Schritten in die persönliche Freiheit abbringen. Ihre Priorität ist klar: die persönliche seelische Balance. Denn die strahlt positiv in das Leben der Nächsten.

Übrigens: Ich habe meine »Lebensliste« nicht zur Seite gelegt. Ich habe sie sogar vernichtet, damit ich mich nicht mehr von Nebensächlichkeiten irritieren lasse. Das Wichtigste zuerst.

Jeder wachsame Schritt, jede achtsame Handlung ist der direkte Weg zum Erwachen. Wo immer du gehst, da bist du.
GAUTAMA BUDDHA, LEHRREDEN

Das will ich nicht

*Es ist eine große Wohltat Gottes,
daß er uns nicht alles gibt,
was wir wünschen;
so würde er uns nämlich nur Anlaß zum
Traurigsein geben.*
MARTIN LUTHER

Es ist leicht, Wünsche zu formulieren. Es ist noch leichter, besonders große Wünsche zu nennen. »Ich möchte einmal Millionär sein.« Wie oft haben wir den Satz schon gehört oder selbst gesagt.

Eine größere Herausforderung als das Benennen von Wünschen ist es, herauszufinden, was wir *nicht* wollen, und uns klarzuwerden, wie wir *nicht* leben möchten. Bei den Überlegungen ist es sinnvoll, sowohl über die großen Ziele als auch über die kleinen Schritte und Gewohnheiten nachzudenken, die auf der einen und der anderen Seite der persönlichen Werteskala stehen. Ich habe viele Menschen kennengelernt, die ihre Ziele und Visionen für die Zukunft genau formulieren konnten. In ihrer Gegenwart wurden sie gleichwohl durch alte

Gewohnheiten und unbedachte Handlungen daran gehindert, wichtige Schritte auf dem neuen Weg zu machen. Weil Veränderungen im eigenen Leben durch den Einfluß der hergebrachten Verhaltensweisen verschleppt werden, ist eine Bestandsaufnahme notwendig. Der eigene Alltag muß kritisch betrachtet werden:

Dient mir diese Gewohnheit auf dem Weg des inneren Wachstums, oder zerstört sie die ersten, unsicheren Schritte zum einfachen Glück?

Sind die alten Freunde, mit denen ich meine Zeit verbringe, auf meiner Seite? Unterstützen sie mein Leben?

Sind sie die Freunde, die Bekannten, die Freizeitgruppe, die ich mir wünsche? Machen sie mir durch ihre Kritik das Leben unnötig schwer?

Und das nervöse Verhalten in Krisensituationen, das ich seit meiner Jugend an den Tag lege, ist es tatsächlich hilfreich?

Welche Arbeit habe ich mir ausgesucht, und wie verrichte ich sie? Entsprechen die Bedingungen, unter denen ich arbeite, meinen Wünschen? Bin ich mit meinen Kollegen zufrieden? Gebe ich ihnen mein Bestes?

Viele Verbesserungen sind möglich, wenn

wir zu dem Schluß gekommen sind, daß Arbeit und Privatleben ganz in Ordnung sind, wir uns aber mit Kleinigkeiten unzufrieden fühlen. Kommen wir aber in der persönlichen Bestandsaufnahme zu dem Ergebnis, daß das bisherige Leben ins Unglück führt, dann haben wir die Chance, es jetzt zu ändern.

Fangen Sie bei alten Gewohnheiten an, die längst ihren Sinn verloren haben und Sie nur noch belasten. Das gilt auch für Vertrautheiten und Freundschaften. Vielleicht gibt es schmerzhafte Erlebnisse, denn zunächst läßt die Abwesenheit auch einer ungeliebten Person eine Lücke. Vertrauen Sie sich selbst und dem Leben, daß diese Lücken sich mit glücklicheren Verbindungen füllen werden.

Ich erinnere mich immer an den Ausspruch meines Meditationslehrers: Es ist leicht, Wünsche zu haben, aber es ist wichtiger, auf Unerwünschtes zu verzichten.

Check-up für die Seele

Auf dem Grabstein eines anglikanischen Bischofs in den Krypten der Westminster Abbey sind die folgenden Worte zu lesen:

»Als ich jung und frei war und mein Vorstellungsvermögen keine Grenzen hatte, träumte ich davon, die Welt zu verändern. Als ich älter und weiser wurde, entdeckte ich, daß sich die Welt nicht ändern würde, also schränkte ich meine Sichtweise etwas ein und beschloß, nur mein Land zu verändern.

Auch dies schien unbezwinglich.

Als ich in meinen Lebensabend eintrat, verlegte ich mich in einem letzt verzweifelten Versuch darauf, nur meine Familie zu verändern, jene, die mir am nächsten standen, aber leider ließen sie es nicht zu.

Und jetzt, wo ich auf dem Sterbebett liege, wird mir auf einmal klar: *Wenn ich nur mich selbst zuerst geändert hätte*, dann hätte ich durch mein Beispiel meine Familie verändert.

Aus ihrer Inspiration und Ermutigung heraus wäre ich dann in der Lage gewesen, mein Land zu bessern, und wer weiß, vielleicht hätte ich sogar die Welt verändert.«

Ein Erwachsener sollte immer wieder Zeit damit verbringen, die Glaubenssätze seiner Kindheit zu überprüfen, sie entweder anzunehmen oder zu verwerfen. Aufgrund der vielfältigen eigenen Erfahrungen bilden sich neue Überzeugungen. Aber auch diese verändern sich bewußt oder unmerklich im Laufe des persönlichen Wachsens.

Es ist klug, von Zeit zu Zeit innezuhalten und sich zu fragen, ob die gestrigen Richtlinien noch den heutigen Wünschen und Haltungen entsprechen, und ob sie realistisch sind. Was ich vor zehn Jahren wollte, kann erreicht oder vergessen sein. Was ich eigentlich glaube, kann den aktuellen Handlungen widersprechen, die in der Hast des Augenblicks geboren werden. Was ich eigentlich tue, kann meinen Wünschen und Zielen entgegenlaufen. Widersprüche und Widerstände gehören zu einem lebendigen Leben.

Wenn ich meine Fundamente aber nie reflektiere, benenne, verändere, anpasse, bekämpfe, verstärke, dann wachse ich nicht. Ich komme nicht vom Fleck, und das heißt im Leben, ich verkümmere, ich falle zurück.

Um nicht eingefahren zu sein, nicht zu rosten, ist eine regelmäßige Prüfung der »Glaubenssätze« nötig. Die tradierte Beständigkeit mag zwar bequemer sein, aber sie macht alt, da sie nicht reizt, nicht spannend ist, keine Herausforderungen und Chancen bietet. Beweglichkeit hält jung. Und Bescheidenheit bei der Bestimmung der Ziele macht glücklich.

Persönlichkeiten, nicht Prinzipien
bringen die Zeit in Bewegung.
OSCAR WILDE

Wir haben das Steuer selbst
in der Hand

Wer spontan handelt,
ist unklug und ein Egoist,
ein Naiver, ein Unbewußter;
und solche sind es,
die im Leben vorankommen.
AUGUST STRINDBERG

Ich liebe den Begriff »Proaktivität«. Er wird in den Vereinigten Staaten immer häufiger benutzt, vielleicht wegen einiger Bücher, die sich damit befassen. Die Tatsache, daß die Wörter »Reaktion« oder »Reaktivität« in Deutschland eine höhere Bedeutung als der genau entgegengesetzte Begriff haben, ist symptomatisch. Wie oft hören wir die Sätze »Ich mußte das so machen«, »Ich kann nicht anders« oder »Das war doch immer so«. Viele Menschen glauben, daß »da draußen« jemand an einem unsichtbaren Steuer sitzt. Solche Gedanken sind genau das Gegenteil von Proaktivität. Proaktiv sein bedeutet, daß wir – und nur wir selbst – für unser Leben verantwortlich sind. Damit geht das Wort Proaktivität über »die Initiative ergreifen« hinaus. Es ist mehr. Und es hat mit dem Mut zur Spontaneität zu tun.

Wir sind nicht fremdgesteuert. Wir sind keiner unheimlichen Macht unterworfen. Jede Routine, die eingefahren ist und uns träge, behäbig und selbstzufrieden macht oder uns das Gefühl gibt, daß wir nicht voll für etwas verantwortlich sind, führt zur Reaktion. Jede Gewohnheit sollte gelegentlich unterbrochen werden. Weil wir ansonsten die Selbststeuerung unseres Lebens aufgeben. Wir verlieren dann den Sinn für das Unerwartete. Aber gerade dieses ist reizvoll. Vor allem dann, wenn wir es persönlich eingeleitet haben.

Spontanes, proaktives Verhalten läßt sich nicht erzwingen. Ich habe nur wenige Menschen erlebt, die es geschafft haben, unentwegt als Erneuerer und Trendsetter aufzutreten. Es ist sinnvoll, gelegentlich für ein paar Tage zu pausieren. Besonders, wenn wir spüren, daß unsere Aktivitäten etwas Gewolltes, Gezwungenes bekommen und wir nicht mehr das Gefühl haben, selbst am Steuerhebel zu sitzen. Allerdings habe ich im Gespräch mit vielen, sehr bewußt lebenden Menschen gelernt, daß niemals das Gefühl einer Routine auftreten darf. Auch nicht beim Rückzug in die Ruhe. Mir hilft es, wenn ich einige Tage nicht meditiere, bis sich von selbst wieder das Bedürfnis nach dieser speziellen Ruhe einstellt. Ich lege auch das Tagebuch und das Papier für das spontane Schreiben zur Seite – bis ich wieder danach greife, wenn ich spüre, daß ich schreiben möchte. Machen Sie sich nie zum Sklaven Ihrer Ruhe- und Rückzugsbewegungen. Ein Ritual, das Sie heute belebt und Ihnen Zufriedenheit schenkt, kann vielleicht in einem Jahr ein Hindernis auf dem Weg zur inneren Harmonie sein. Überdenken Sie, welche Gewohnheiten Ihnen nützen und welche Ihrer Entwicklung schaden. Denn Übungen und Rituale sind kein Selbstzweck, sondern dienen Ihrer geistigen und körperlichen Gesundheit. An diesem Ziel müssen sich alle Regeln messen lassen. Auch der Wille zu Spontaneität und Proaktivität.

Benennen Sie ein drängendes Problem aus Ihrem Alltag, Ihrem Berufs- oder Privatleben. Was müßte geschehen, um es zu klären? Haben Sie eine proaktive Strategie, oder warten Sie auf eine Lösung? Was fällt Ihnen – spontan – als mögliche Lösung ein? Und wenn Sie keine spontane Lösung haben: Ziehen Sie sich für eine Zeit zurück,

*um darüber nachzudenken. Vielleicht gibt
es eine Lösung, die Sie in die Wege leiten
können.*

....
....
....
....
....
....
....
....
....
....
....
....
....
....
....
....
....
....
....
....
....
....
....
....

Ballast abwerfen

*Der Weise aber tut ab das Zuviel,
den Überfluß, das Übermaß.*
LAO-TSE

Wie leicht sich diese Worte anhören. Und der Mann, der sie mir leise vortrug, legte das dicke Buch zur Seite, lächelte und sagte: »Und wissen Sie was: Das klappt.« Das war vor nicht allzu langer Zeit in einem deutschen Kloster, in dem ich an einer Zen-Meditationsklasse teilgenommen habe. Der etwa Sechzigjährige hatte sich selbst und mir bewiesen, daß es Sinn machen kann, Ballast abzuwerfen. Schließlich war er ein ehemaliger Bankvorstand mit einem Spitzengehalt. Und jetzt lebt er fast mönchisch zurückgezogen und gibt Meditationskurse.

»Werden Sie wieder zu einem Anfänger«, erinnere ich mich an diesem Nachmittag gehört zu haben, »zu einer Person, die alle kleinen Dingen neu erlebt, als habe sie sie noch nie empfunden. Werfen Sie die Kompetenz, das Besserwissen weg und sehen Sie die Welt neu. Sie werden sich leicht fühlen. Angenehm leicht und unbeschwert, nicht mehr wie ein Packesel, der die Last der Vergangenheit auf dem Rücken zu tragen hat. Räumen Sie auf. Verschenken, verkaufen Sie Dinge, die Sie nicht wirklich brauchen. Vergessen Sie einfach, neue Dinge zu kaufen. Machen Sie Platz in Ihren Räumen. Machen Sie Platz in Ihrem Herzen für das Unerwartete. Für die Begegnungen, die Sie mit alten Dingen und alten Verhaltensweisen nicht erleben würden. Eine unangenehme Sache oder eine Krankheit kommt zu Ihnen, um Sie etwas zu lehren. Sie ist eine Herausforderung. Nehmen Sie sie an, und verändern Sie sie zu Ihrem Nutzen und für Ihr Wachstum. Lernen Sie, dankbar zu sein für jeden Augenblick des Lebens, der Ihnen geschenkt wird. Genießen Sie den Augenblick, und lassen Sie ihn los.«

Ich habe vieles davon beherzigt. Es war nicht leicht. Aber jetzt weiß ich: Das ist keine Anleitung zur Verantwortungslosigkeit, sondern eine Anregung, die Kostbarkeit unseres Lebens auch in scheinbar unbedeutenden Augenblicken sehen zu lernen und dafür Dank zu sagen. Denn das ist für uns sehr schwer geworden.

Stille, Harmonie und Wohlbefinden

Die Entdeckung der Erholung

*Erholung besteht weder in Untätigkeit
noch in bloßem Sinnengenuß,
sondern im Wechselgebrauch
unserer Körper- und Geisteskräfte,
denn die Vernunft veredelt.*
KARL JULIUS WEBER

*Urlaub – das ist jene Zeit,
in der man zum Ausspannen
eingespannt wird.*
HANS SÖHNKER

Wir fahren ans Meer. Fünf Tage Erholung. Nichts tun – und in der Sonne liegen.« Dann – und da sind wir uns sehr sicher – geht es uns wieder so richtig gut. Dann sind wir erholt. Gerüstet für den harten Alltag.

Leider mußte ich in den vergangenen Jahren beobachten, daß diese Rechnung nicht immer aufgeht. Wir haben alles versucht. Sechs Wochen lange Fernreisen, aber auch Wochenendausflüge in Sporthotels und Kurbäder. Das Gefühl, so richtig erholt zu sein, stellte sich aber nicht immer ein – weder bei kurzen noch bei langen Urlauben. Und dann, wenn man es gar nicht richtig geplant hat und ein Wochenende ganz ruhig gestaltet, keine Besuche macht und Partys besucht, sondern schlicht und einfach so lange und soviel schläft, wie man mag, ein faszinierendes Konzert besucht und bei einem Franzosen gut ißt, dann stellt sich »Erholung« ein.

Ein Psychologe erklärte mir, daß die Meinung, Erholung müsse passiv ablaufen, also ohne irgendwelches Programm, ein weitverbreiteter Fehler ist. Es kann wenig erholsam sein, wenn wir uns wochenlang in den Sand werfen und den Körper extremer Sonnenbestrahlung aussetzen. Und sonst nichts tun.

Wichtig scheint zu sein, daß wir wissen, *wovon* wir uns erholen wollen. Und dann sollten wir versuchen, uns davon innerlich zu distanzieren. Wenn der Job streßt, dann gehört die Diskussion dieses Problems nicht in die erholsame Freizeit. Wir müssen lernen, Abstand zu gewinnen. Je schneller das klappt, desto eher stellt sich ein Gefühl der Erholung ein. Vom normalen Alltag in die Erholungsphase und zurück sollten wir außerdem möglichst sanfte Übergänge für unseren Körper und Geist entwerfen. Wir sollten uns etwas Zeit nehmen, um uns an den jeweils neuen

Zustand zu gewöhnen. Es macht nur wenig sinn, das Büro fluchtartig zu verlassen, zum Flughafen und dort mit der wartenden Familie zum Flugzeug zu rasen, das man im letzten Moment erreicht, um nach Amerika zu jetten. Dann erwarten wir zuviel von unserem Körper. Er kann einen solchen Streß nicht als Einstieg in einen »erholsamen« Urlaub wahrnehmen.

Ein anderes Beispiel ist die in Deutschland so weitverbreitete Gewohnheit, nachts mit dem Auto in den Urlaub aufzubrechen. Viele Reisende werfen den normalen Tag- und Nacht-Rhythmus völlig durcheinander, und der Körper braucht Tage, um herauszufinden, daß dieser Streß – gekrönt von sechs bis acht Stunden Sonne oder stundenlangem Skifahren – jetzt als erholsamer Urlaub zu werten sei.

Urlaub und Erholung sollten keinen »Erholungsstreß« beinhalten. Wenn wir uns bewegen wollen und Sport betreiben, dann darf das immer außer Konkurrenz passieren und nie mit Leistungsdruck verbunden sein. Dieser Leistungsdruck kommt vor allem bei den Menschen vor, die auch im Berufsalltag sehr hohe Ansprüche an sich stellen. Ehrgeiz ist im Urlaub völlig fehl am Platze, führt aber bei vielen Menschen zu einer regelrechten Unfähigkeit zur Erholung. Urlaub wird dann zum Streß in einem anderen Ambiente, mit einer anderen Aktivität. Gekoppelt mit der Sucht, immer Neues erleben zu wollen und in wenigen Wochen »einmal um die Welt zu reisen« oder »einen Segelschein zu machen« oder »endlich mal so richtig Skilaufen zu lernen«, kann das fatale Folgen haben. Wir brauchen keine Angst zu haben, daß wir ein Erlebnisangebot verpassen oder nicht so gut Ski laufen wie unser sportiver Nachbar. Wir müssen uns aber darum sorgen, daß wir das wirklich gesunde Erholen verlernen. Oder gar nicht mehr spüren, daß wir die Erholung jetzt benötigen.

Es kann etwas Mühe machen, dieses Gespür wieder zu entwickeln und unsere freie Zeit danach einzurichten. Aber diese Mühe zahlt sich schon bald aus.

Die Natur

Die Hochzeit der Seele mit der Natur
macht den Verstand fruchtbar
und erzeugt die Phantasie.
HENRY DAVID THOREAU

Ich bin das Land,
meine Augen sind der Himmel,
meine Glieder die Bäume.
Ich bin der Fels, die Wassertiefe.
Ich bin nicht hier,
um die Natur zu beherrschen
oder sie auszubeuten.
Ich bin selbst Natur.
GEBET DER HOPI

In allen Kulturen und zu allen Zeiten haben die Menschen einen intensiven Kontakt mit der Natur gepflegt. Ein Leben in enger Verbindung zu den Tieren, zum Wasser, zur Sonne war bis vor zweihundert Jahren selbstverständlich und die Grundlage eines glücklichen Lebens. Seit die naturwissenschaftliche und technische Entwicklung uns die industrielle Revolution beschert hat, fällt es schwer, mit der Natur unkompliziert umzugehen. Wir haben vergessen, daß die Verbindung zum kreatürlichen Leben uns Kraft geben, uns heilen und inspirieren kann.

Ich habe Menschen in Großstädten kennengelernt, die nur selten in die unberührte Natur hinausfahren. Großstadtkinder sehen Haustiere nur in Büchern und Filmen.

Für jeden von uns ist es ein entspannendes und schönes Erlebnis, Wald, Wiesen und Felder wahrzunehmen. Die Natur spendet Ruhe, die Farben beleben die Sinne, die frische Luft bringt uns auf neue Gedanken.

Ein Spaziergang im Freien sollte zum alltäglichen Leben gehören, sei es im Park oder nahegelegenen Wald. So können wir uns über die Schönheit und Wärme der Sonne, des Himmels und der Pflanzen freuen.

Beginnen Sie jeden Spaziergang mit einem tiefen, belebenden Atemzug. Genießen Sie die Luft, und nehmen Sie das Wetter, wie es ist. Ob es nun regnet, schneit oder stürmt. Sie kennen den Spruch: Es gibt kein falsches Wetter, nur falsche Kleidung. Halten Sie inne, um ein Blatt zu sehen, einem Vogel zu lauschen. Freuen Sie sich über die Sonnenstrahlen, die sich auf dem Tau spiegeln. Nehmen Sie sich Zeit.

Vielleicht werden Sie demnächst am Morgen einige Minuten früher das Haus verlassen oder Ihre Mittagspause im Park verbringen. Betrachten Sie die Wolken. Machen Sie Atemübungen im Schatten eines Baumes.

Nehmen Sie die Dämmerung am Abend wahr. Sehen Sie sich in aller Ruhe an, wie die Sonne mit einem spektakulären Farbenspiel am Horizont verschwindet.

Beschließen Sie Ihren Tag mit einem Augenblick in der Natur. Treten Sie vor die Haustür und atmen Sie tief ein, betrachten Sie den Abendhimmel und die Sterne.

Bedauern Sie es nicht, wenn Sie am Morgen früh aufwachen. Genießen Sie den Sonnenaufgang. Wenigstens einmal im Jahr sollten Sie in aller Fülle einen Sonnenaufgang in sich aufnehmen.

Falls Sie in der Großstadt leben, fahren Sie am Wochenende aufs Land, zum nächsten größeren Park, zu einem Bauernhof oder Zoo. Am besten können Sie in der Natur auftanken. Keine Fernsehsendung, kein Sonnenstudio, kein Sportcenter geben Ihnen die Inspiration und Kraft, die die Natur täglich verschenkt.

Mein kleines »Natur-Kontaktprogramm«

1. Hören: Ich achte verstärkt auf die Naturgeräusche, wie Vögel, Wind, Regen ...
2. Bewegen: Ich gehe täglich spazieren. Auch im Winter! Und ich genieße die frische Luft. Und wenn ich nach Hause komme, weiß ich in der kalten Jahreszeit die wohlige Wärme wieder zu schätzen.
3. Fühlen: Im Sommer gehe ich gelegentlich barfuß auf einer Wiese oder im Wald. Es ist ein ganz besonderes Gefühl. Und man braucht jedesmal einen Moment, um sich daran zu gewöhnen.
4. Sehen: In jede Wohnung und in jedes Haus gehören einige ausgewählte Pflanzen. Insbesondere, wenn man in der Stadt wohnt. Sie brauchen unsere Pflege. Aber sie beleben jedes Zimmer und jeden Menschen, der ihren Anblick auch nur für einen Moment genießt.

Eine kleine Höhle, um sich zurückzuziehen

> *Sich in sich zurückziehen heißt,*
> *die verstreuten Mächte unserer Seele*
> *auf ihr Prinzip zurückführen*
> *und sie der Verbindung mit der Welt*
> *entziehen.*
> THÉODORE JOUFFROY

> *Wir haben am Ende,*
> *aus kindischer Lust,*
> *»Verstecken« gespielt in den Gründen,*
> *Und haben uns*
> *so zu verstecken gewußt,*
> *Daß wir uns nimmer mehr*
> *wieder finden.*
> HEINRICH HEINE

Damit ist nur die berühmte, sprichwörtliche Höhle gemeint, die alle Lebewesen aufsuchen, um sich zurückzuziehen. Sie ist nicht nur von Nutzen für das verwundete Tier, das sich erholen muß, um wieder zu Kräften zu kommen.

Für jeden von uns ist der regelmäßige Rückzug in ein privates Reich nötig, um uns zu sammeln und die Ereignisse des Tages zu filtern. Entspannt und mit neuer Kraft können wir nach einer Phase des Alleinseins den Herausforderungen ins Auge sehen.

Ich ziehe mich regelmäßig aus dem Alltag zurück. Wenn es auch nur wenige Minuten am Tag sind. Ich versuche auf jeden Fall, den Streß hinter mir zu lassen.

Sie brauchen dafür allerdings einen eigenen Raum oder zumindest einen Platz, der für Sie allein reserviert ist. Die anderen dürfen Sie dort nicht stören.

Das ist die Höhle, in der Sie meditieren, in Ruhe nachdenken, lesen, die Ruhe genießen, oder einfach nichts tun. Hier lassen Sie Ihren Tag Revue passieren, schreiben Tagebuch oder Notizen, prüfen Ihre Wünsche und Ziele, träumen vom neuen Leben.

In der Familie und Partnerschaft hat jeder das Recht, sich einen persönlichen Platz zu schaffen, an dem ihn die anderen nicht stören dürfen. Nichts darf dort von den anderen verändert werden.

Falls es nicht möglich ist, ein ganzes Zimmer für den Rückzug zur Verfügung zu haben, reicht auch eine Ecke mit dem Lieblingssessel. Oder Sie stehen früher auf als die anderen und nehmen sich Zeit, am Tisch zu sitzen und zur Ruhe zu kommen. Vielleicht hören Sie Ihre Lieblingsmusik, vielleicht tun Sie nichts. Es ist nicht schwer, sich einen kleinen Freiraum zu schaffen.

Am besten ist es, wenn der Partner oder die Familie wissen, wann Sie Ihre Ruhepause in der »Höhle« antreten. Mein Mann weiß, daß ich nach dem Abendessen für etwa eine halbe Stunde nicht gestört werden möchte. Ich bin dann für niemanden erreichbar. Auch das Telefon wird von mir nicht abgenommen. Schließlich gibt es auch noch einen Anrufbeantworter. Da aber auch die wichtigsten Freunde und Bekannten wissen, daß ich abends für eine gewisse Zeit unabkömmlich bin, respektiert man meine Ruhezeit, und ich habe wirkliche Ruhe. Ich liebe diese Minuten der Einkehr und Gelassenheit. Meistens liege ich mit geschlossenen Augen auf meiner Decke auf dem Boden. Ich atme tief und langsam. Der Tag wird überdacht. Pläne für morgen gehen durch den Kopf. Oder ich erlebe einfach nur die geliebten Tagträume ...

Stille ist ein Geschenk des Himmels

> *Wo die Stille mit dem Gedanken*
> *Gottes ist, da ist nicht Unruhe*
> *noch Zerfahrenheit.*
> FRANZ VON ASSISI

> *Oh, so wohltuend und still!*
> *Welche Erholung für die Gedanken!*
> *Frei von dem betäubenden Lärm*
> *der Menschen.*
> FRIDTJOF NANSEN

Um unsere innere Stimme hören zu können, ist Konzentration vonnöten. Wir sollten nicht durch Geräusche und Lärm von außen gestört werden. Ich beherzige diese Regeln einer erfahrenen Yogalehrerin, um leichter Stille im Alltag zu finden:

1. Benutzen Sie einen geräuscharmen Wecker oder lassen Sie sich vom morgendlichen Klassikkonzert im Radio wecken.
2. Gönnen Sie sich einige Minuten Stille, bevor Sie aufstehen.
3. Machen Sie Atemübungen oder leichte Gymnastik zur geräuschlosen Kulisse.

4. Setzen Sie sich an Ihren Lieblingsplatz, Ihre Höhle, und beginnen Sie den Tag mit einer Meditation, der Betrachtung Ihres Lieblingsfotos oder einem Blick aus dem Fenster auf den Himmel am frühen Morgen.
5. Drehen Sie beim Frühstück nicht die Lautsprecher des Radios oder Fernsehers voll auf.
6. Streiten Sie nicht. Der Tag wird hektisch, starten Sie ihn langsam und gelassen.
7. Konzentrieren Sie sich bei der Fahrt zur Arbeit auf den Berufsverkehr, und lassen Sie sich nicht gleichzeitig von Nachrichten oder Musik berieseln. Ein kluger Mann pflegte immer, wenn er zu einem Termin hetzen mußte, zu seinem Chauffeur zu sagen: »Fahren Sie bitte langsam. Wir sind in Eile.«

Während der Arbeit finden viele von uns keine Ruhe. Telefone klingeln. Kopierer, Drucker, Faxe und Computer surren, die Kollegen führen Gespräche. Man muß erfinderisch werden. Vielleicht findet man unbedeutende Lücken im persönlichen Tagesablauf, die einem erlauben, durchzuatmen und Stille zu finden. Wenn nicht, entspannt man sich am besten abends. Ich lasse den Fernseher, das Radio oder den CD-Player für mindestens eine Stunde ausgeschaltet. Ich ruhe mich aus. Ich tue eine Zeitlang nichts. Ich sammle Kraft für den neuen Tag.

Alle freuen sich auf das Wochenende. Doch dann knattern nachmittags Rasenmäher, und abends werden Grillpartys gefeiert. Niemand will Ihnen oder Ihren Nachbarn das langersehnte Gartenfest vermiesen. Versuchen Sie jedoch, sich mit kleinen Tricks wie zum Beispiel Kopfhörern, von den Geräuschen in der Nachbarschaft und in der eigenen Familie zu lösen. Ihr Einfallsreichtum ist gefragt.

Beobachten Sie Ihre Reaktionen auf die unterschiedlichen Geräuschkulissen und dämmen Sie den Lärm ein, wo Sie können. Finden Sie Ihr ruhiges Plätzchen, Ihr Auge des Hurrikans.

Im Zentrum des Taifuns ist Windstille. Diese Ruhe ist die Grundlage unseres Glücks. Nur mit ihr werden alle anderen Veränderungen in unserem Leben erfolgreich sein.

Wählerisch sein

Feig wird der Mensch nur dort,
wo er die Wahl hat.
FRIEDRICH GEORG JÜNGER

Ein guter Vogel wählt den Baum aus,
auf dem er rastet.
CHINESISCHES SPRICHWORT

Das Wort »wählerisch« hat einen arroganten Unterton. Dabei ist jeder von uns täglich gezwungen zu wählen. Aus Notwendigkeit. Die Zeit ist zu knapp, um alles Erdenkliche zu tun. Das Geld reicht nicht, um alle Wünsche zu erfüllen. Die Kraft reicht nicht, um alles Wissenswerte in sich aufzunehmen. Das Herz ist nicht weit genug, um allen Freundschaft und Hilfe anzubieten, die den eigenen Weg kreuzen.

Deshalb wählen wir unsere Tätigkeiten, Lebensweisen, Freundschaften aus. Je genauer wir uns selbst und unsere elementaren Bedürfnisse kennen, desto klüger ist unser Griff.

Ich habe die Entscheidung getroffen, mein

Leben so einfach wie möglich zu gestalten und mich in Ruhe und Konzentration um mich selbst und mein persönliches Wachstum zu kümmern. Nun muß ich aus meinen bisherigen Aktivitäten die aussortieren, die mich stören und mich nicht weiterbringen.

Ich verzichte auf unnötige Zeitschriften und Magazine. Ich stelle den Fernseher und das Radio ab. Jetzt bin ich nicht mehr umfassend über die wichtigen Ereignisse auf der Welt informiert. Das ist ein Ergebnis meiner Wahl. Ich habe entschieden, daß es für mich Wichtigeres gibt, als dem Nachrichtensprecher zu lauschen. Kriege, Flugzeugabstürze, politische Krisen, erschütternde Nachrichten dringen nur noch gelegentlich in mein Leben ein. Sie berühren mich tiefer, wenn ich mich nicht jeden Tag von ihnen berieseln lasse.

Es ist nicht Herzenskälte, die mich eine Strategie wählen ließ, welche die Welt scheinbar außen vor läßt. Ich möchte meinen Geist vom Ballast befreien, der durch Informationen entsteht, die ich nur zur Kenntnis nehmen kann. Ich kann nicht eingreifen und keinen unmittelbaren, heilenden Einfluß auf die Ereignisse in der Welt nehmen, die am Bildschirm an mir vorüberziehen. Deshalb konzentriere ich meine Kraft auf meinen eigenen, persönlichen Einflußbereich. Denn in ihm bin ich für alles verantwortlich, was geschieht. Hier muß ich Rechenschaft ablegen und alles tun, was meine Kraft erlaubt, um positiv und stützend zu wirken.

Wenn ich in meinem Leben verankert bin, kann ich mich gezielt für Informationen von außen öffnen. Ich bin nicht mehr hilflos der Manipulation durch Bild und Wort ausgeliefert. Ich mache mir meine eigenen Gedanken, formuliere meinen eigenen Kommentar zu den Nachrichten.

Ich muß nicht alles über alles wissen. Was ich weiß, sollte zuverlässig und fundiert sein, also der Wahrheit entsprechen. Dazu ist eine gewisse Distanz nötig. Nicht alle Informationen, die Nachrichtenagenturen und Redakteure für mich ausgewählt haben, sind wichtig. Getreu dem Journalistenmotto »Schlechte Nachrichten sind gute Nachrichten« wird selten über schöne, aufbauende Ereignisse berichtet.

Es gilt, abzuwägen und das für mich Wichtige auszuwählen. Wenn mir jemand eine Abfuhr erteilt, weil ich eine Einzelheit nicht wußte, die er selbst für unerläßlich hielt? Wenn mich jemand für einen Banausen hält? Ich kann ihn zu seinem Wissen beglückwünschen.

Er hat seine Wahl getroffen. Ich habe mir den Kopf derweil mit anderen Informationen gefüllt. Anstatt die Nasen zu rümpfen und einander heimlich oder lauthals für beschränkt zu halten, könnten wir miteinander sprechen und unser Wissen austauschen.

Das bedeutet Ruhe und Frieden – in einem winzigen Teil der Welt.

Süßes Alleinsein

Aber was genosse ich denn endlich,
als ich allein war? Mich selbst.
die ganze Welt, alles, was ist, alles
was sein kann, alles, was die sinnliche
Welt Schönes und die Gedankenwelt
Sichtbares in sich faßt.
JEAN-JACQUES ROUSSEAU

Um zu uns selbst zu kommen, brauchen wir Stille. Nur dann, wenn keine Ablenkung und Unruhe um uns ist, können wir nachdenken und uns selbst entdecken. Die Reise in die eigene Seele ist ein lebenslanges Abenteuer, das niemand versäumen sollte.

Um still zu werden und in sich hinein-zuhören, ist eine Atempause nötig. Keine Musik im Hintergrund, kein Buch in der Hand sollte uns ablenken. Kein Telefon, kein Nach-bar, Freund oder Familienmitglied darf uns stören. Wir sind bald wieder für alle da, wenn wir aufgetankt haben.

Es bedarf einer Gewöhnungsphase bei uns selbst und den anderen, bis die kleine Insel des Alleinseins in den Altag integriert ist. Sollten Sie sich in der neuen Einsamkeit noch befangen fühlen, beginnen Sie schrittweise. Einige Minuten am Morgen, eine Stunde nach Feierabend, ein Nachmittag oder Abend. Besuchen Sie auf dem Nachhauseweg von der Arbeit eine Kirche, sitzen Sie in der Stille und vergessen Sie die Zeit. Verbringen Sie einen Nachmittag auf einer Parkbank, und lassen Sie sich nicht stören.

Wenn Sie sich sicherer fühlen, verbringen Sie ein Wochenende allein, und lassen Sie sich von Ihren Gedanken und Aktivitäten in der Stille treiben. Ihre Familie wird sich daran gewöhnen, Sie frisch und ausgeruht wiederzusehen. Ihre Gelassenheit wird ansteckend wirken.

Insbesondere für die Menschen, die in Großstädten wohnen, kann es sehr schwer sein, einen Punkt der Ruhe ausfindig zu machen. Ich empfehle dann den gelegentlichen Aufenthalt in einem Meditationszentrum oder den Besuch eines Klosters. Keine Angst! Sie gehen keine Verpflichtungen oder langfristigen Bindungen ein. Es gibt zahlreiche Klöster in Deutschland, die Sie gerne als Gast beherbergen. Stille ist jedem Gast sicher: In den Klöstern wird großer Wert darauf gelegt, daß allzu weltliche Ablenkungen vor

der Tür bleiben. Und das ist sehr, sehr erholsam.

> *Wir brauchen einen Zufluchtsort. Wir*
> *brauchen einen Ort der Meditation, eine*
> *innere Kraft, mit der wir die Geschehnisse*
> *wahrnehmen, verstehen, neu erleben.*
> ANAÏS NIN

Ich meditiere

Nie meditiere oder träume ich anmutiger,
als wenn ich mich ganz vergesse.
Ich werde unaussprechlich entzückt,
verliere mich ganz in Wonne, wenn
ich mit dem System der Wesen
sozusagen verschmelze,
mit der ganzen Natur eins werde.
JEAN-JACQUES ROUSSEAU

Die Meditation ist für mich der einzige Weg, um vollständig zu entspannen, mich dennoch zu konzentrieren und ein Gefühl für die spirituellen Seiten des Seins zu entwickeln.

Lange galt die Meditation als fernöstliche Spinnerei ohne wissenschaftlichen Halt und ohne irgendeine Bedeutung im westlichen Lebensraum. Zum Glück etabliert sie sich auch hier. Und besonders erfreulich ist, daß es immer mehr Belege dafür gibt, daß die Meditation dem Körper objektiv hilft. Es ist belegt, daß der Blutdruck niedriger wird und auch die Herzfrequenz und die Atemfrequenz nachlassen. Meine Meditationslehrer sehen das aber nur als einen Nebeneffekt: Für sie ist die entspannende Wirkung für den Geist viel wichtiger. Diese ist aber schwerlich zu messen, wird »nur« subjektiv empfunden.

Es gibt viele Meditationstechniken. Sie reichen von ersten leicht zu praktizierenden Übungen bis zu der schwierig zu erlernenden, gegenstandslosen Zen-Meditation des Buddhismus. Meditation hat zuerst einmal nichts mit Religion zu tun. Dennoch sind gewisse Meditationstechniken zu einem wichtigen Bestandteil mancher Religionen geworden. Man muß hier eben genau unterscheiden.

Einen vergleichbar einfachen Weg in die Meditation möchte ich Ihnen hier beschreiben. Es kommt dabei nicht darauf an, daß Sie alle Gedanken stoppen (was auch nicht so leicht geht!), sondern das Ziel liegt darin, die Konzentration auf einen Punkt, ein Bild oder eine Aktivität zu lenken.

1. Ich setze mich in eine möglichst komfortable Position. Das Rückgrat sollte dabei aber gerade aufgerichtet sein. Meinen Kopf senke ich leicht nach vorne ab.

2. Jetzt schließe ich meine Augen und hole mehrmals tief Luft. Ich lasse den Luftstrom unbehindert in mich hinein- und aus mir herausfließen.

3. Nach einiger Zeit – wenn ich das Gefühl habe, zur Ruhe gekommen zu sein – beginne ich zu zählen. Ich zähle »eins« beim ersten Ausatmen. Dann hole ich wieder Luft – langsam und ohne Druck – und zähle »zwei« beim nächsten Ausatmen. Bis zum fünften Atemzug.

4. Es ist wichtig, daß ich nicht weiterzähle, sondern wieder von vorne, bei »eins« beginne.

5. Ich beginne mit zehn Minuten Meditationszeit. Der Zeitraum läßt sich nach eigenem Bedarf steigern. Aber: Es geht hier nicht um die Länge der Meditationszeit! Ich brauche mich nicht unter Druck zu setzen.

Die Übung klingt wie ein Kinderspiel, dabei ist sie eine der am häufigsten genutzten Techniken im Zen-Training. Es lohnt sich, einige Zeit damit zu verbringen.

Ach, du liebe Zeit!

Langsam und mit Gefühl

Ein Mensch, der zu langsam ist,
der wird nicht so viel Schaden
unter den Menschen anstiften
als der Mensch, der zu schnell ist.
MAX DAUTHENDEY

Der Langsamste, der sein Ziel
nicht aus den Augen verliert,
geht noch immer geschwinder,
als der ohne Ziel herumirrt.
GOTTHOLD EPHRAIM LESSING

Sie haben begonnen, Ihr Leben einfacher zu gestalten, und erwarten eine größere Ruhe in Ihrem Leben. Mit Erstaunen stellen Sie fest, daß sich in Ihrem Leben nicht automatisch die neue Harmonie zeigt. Das Leben in einer komplizierten, modernen Welt ist hektisch und schnell. Der Streß ist Teil der Kultur, in der Sie leben und arbeiten. Gelassenheit und seelische Balance sind nicht »in«, und es bedarf bewußter Anstrengungen, sich dem Zeitgeist der Hektik zu entziehen.

Sie werden feststellen, daß es in Ihrem täglichen Leben einen großen Unterschied macht, wenn Sie morgens eine halbe Stunde früher aufstehen. Am Anfang macht es Mühe, den alten Rhythmus zu ändern. Es lohnt sich. Kein hastiges Frühstück, das schwer im Magen liegt, keine Unruhe im Bad. Ein paar Minuten der Stille an Ihrem Lieblingsplatz. Der Start in den neuen Tag ist freundlicher, gelassener, und Sie haben Kraft gesammelt, ihn zu bestehen.

Setzen Sie sich zum Frühstück und genießen Sie es. Wenn Sie essen, dann essen Sie. Kein Blick in die Zeitung, keine Geräusche aus dem Radio. Stille und Genuß. Die Aufgaben des Tages sind vergessen. Sie werden noch früh genug Ihren Tagesablauf bestimmen. Versuchen Sie, möglichst oft beim Essen ruhig zu werden und zu genießen. Auch, wenn Ihnen in einem Schnellrestaurant das Gericht in wenigen Minuten serviert wird, heißt das nicht, daß Sie es hastig essen müssen. Wenn Ihnen die Unruhe Ihrer Arbeitsumgebung mißfällt, nutzen Sie die Chance, sich für die Mittagspause ein ruhiges Plätzchen zu suchen. Setzen Sie sich im Sommer mit einem Lunchpaket Ihrer Lieblingsspeisen in den Park.

Ich habe die Umgebung meines Büros nach

einem ruhigen Platz abgesucht. Mit Freude fand ich in einer Nebenstraße ein Kaffeehaus. Ich genieße es, dort in aller Ruhe ein paar Notizen zu machen oder in einem Buch zu lesen. Manchmal trinke ich nur eine Tasse Tee, so achtsam, langsam und genußvoll wie möglich.

Die Ruhe und Langsamkeit, die unsere Seele so dringend benötigt, verlangt einen gewissen Erfindungsreichtum und den Mut, auch einmal einen neuen Weg zu gehen.

Effektiv handeln

*Die Zeit ist zu kostbar, um sie
mit falschen Dingen zu verschwenden.*
HEINZ RÜHMANN

*Laß dir Zeit. Es eilig haben bedeutet,
sein Talent zerstören. Will man die
Sonne erreichen, reicht es nicht aus,
impulsiv in die Höhe zu springen.*
PETER USTINOV

Einfach glücklich lesen Sie auf dem Titel. Was hat das mit Effizienz und Zeitplanung zu tun? Mit Einfachheit, Glück, Gesundheit und Wohlbefinden verbindet man eher Ruhe und Pausieren, Meditation oder einen Spaziergang im Wald. Wenn dafür aber keine Zeit bleibt? Wenn man so sehr mit dem Druck des Alltags und des Jobs, der Familie oder des Freundeskreises belastet ist, daß keine Möglichkeit zum Pausieren bleibt?

Ich kenne das Gefühl und habe oft zu mir gesagt: »Ich verschiebe die Yogastunde, um diese Sache zu erledigen.« Aber ich habe auch schon die Entscheidung getroffen, eine wichtige berufliche Sache nicht zu erledigen, und statt dessen zur Yogastunde zu gehen. Keine Lösung hat mich allerdings zufriedengestellt.

Um zur Ruhe zu kommen, bedarf es eines *Freiraums* für Ruhe, also Zeit. Wir müssen uns die freie Zeit regelrecht erarbeiten. Nur freie Zeit können wir unbelastet genießen. Wenn wir eine wichtige Arbeit erst einmal fertigstellen müssen, können wir nicht zum seelischen Gleichgewicht kommen. Irgend etwas nimmt unser Bewußtsein dann immer gefangen, belagert die Gedanken. Unerledigtes kann sich wie eine Zecke im Bewußtsein festsetzen. Es läßt nicht los. Und dann ist die Zeit, die wir für die Ruhe angesetzt haben, verloren. Wir hätten sie genausogut mit der Arbeit verbringen können.

Auch wenn ich kein Freund von amerikanischen Erfolgsbüchern bin, muß ich zugeben, daß mich das Buch »Der gemeinsame Nenner des Erfolgs« von E. M. Gray beeindruckt hat. Der Autor versuchte über Jahre hinweg herauszufinden, was erfolgreiche Menschen verbindet: das Zeit-Management. Erfolgreiche Menschen – was immer erfolgreich nun heißen mag – stellen, so Gray, das Wichtigste voran. Sie überlegen sehr genau, was zu tun ist. Dann machen sie sich ans Werk und beginnen mit dem Wichtigsten. Gleichgültig, ob es eine schwere oder unbeliebte Arbeit ist. Das klingt sehr logisch. Aber nur wenige Menschen leben nach diesem Prinzip. Ich habe an mir selbst beobachtet, daß ich die schwierigen, aber wichtigen Aufgaben gerne verschiebe und zuerst einmal Leichtes oder Gewohntes abarbeite. Je weiter das Schwierige nach hinten rutscht, je höher wird aber mein Streß und die Angst oder Unlust, den Job zu machen. Es ist nicht leicht, den Willen aufzubringen, Dinge zu tun, die unbequem sind. Bleiben sie aber unerledigt, quälen sie ungemein, kosten nur noch mehr Zeit – und Ruhe.

»Was gemacht ist, ist gemacht.« Wenn ich in der Lage bin, mich auf die wichtigsten Dinge zu konzentrieren, kann ich eine Aufgabe erledigen, ohne mich in den Kleinigkeiten zu verzetteln. Wenn ich zügig arbeite, bin ich beizeiten fertig, und kann mich einer neuen Aufgabe oder meiner Ruhe und Selbstfindung widmen. Wenn ich das Wichtigste zuerst erledige, dann bedrückt es mich nicht mehr. Der Kopf wird frei. Die Seele kommt in die Balance. Wir haben uns Zeit für die eigene Ruhe geschaffen.

Wie besteige ich einen Berggipfel? Schritt für Schritt. Auch wenn der erste Schritt der steilste ist.

Carpe diem –
genieße den Augenblick

Der Augenblick nur entscheidet
Über das Leben des Menschen
und über sein ganzes Geschicke.
JOHANN WOLFGANG VON GOETHE

Augenblick gibt das Glück.
DEUTSCHES SPRICHWORT

Carpe diem – nutze den Tag – war ein Ausspruch der alten Römer, mit dem sie das Glück
zu erhaschen suchten. Ihnen war nur das
Diesseits gegeben. Das Jenseits bevölkerten
sie mit zahlreichen Göttern, deren Namen
und Funktionen sie den eroberten Völkern
gestohlen hatten. Die besten Römer bedien-
ten sich der Vernunft und der Weisheit ihrer
Tradition. Ganzheitliche Lebensentwürfe, wie
sie die Buddhisten oder die Christen ersan-
nen, waren ihnen fremd. Trotzdem ist das *carpe diem* der Römer ein nützlicher Gedanke
für das einfache Leben.

Das Leben besteht aus ungezählten einzelnen Augenblicken. Wir können nicht erwarten, daß sich aus vielen unglücklichen Mo-

menten wundersamerweise plötzlich ein glückliches Leben ergibt. Deshalb ist es notwendig, auf den einzelnen Augenblick zu achten, und ihn achtsam und konzentriert zu einem glücklichen zu gestalten.

Viele Menschen verbringen ihre Zeit damit, sich über vergangene Taten oder Leiden zu beklagen, die Gegenwart argwöhnisch und griesgrämig zu beäugen und sorgenvoll und ängstlich in die Zukunft zu sehen.

Die Vergangenheit aber ist unwiederbringlich vorbei. Die Zukunft ist offen. Nur die Gegenwart gehört uns. Sie will gelebt, erlitten, gestaltet werden. Das Jetzt und Heute ist die Herausforderung, die jeder mit all seinen Talenten, Schwächen und Träumen zu bewältigen hat.

Es ist Zeitverschwendung, über Eventualitäten nachzugrübeln: Was wäre, wenn ich einen Fehler mache… Was wäre, wenn die Sache schiefgeht… Was wäre, wenn ich das Gegenteil von dem tue, was mir gestern richtig erschien… Was wäre, wenn der andere, den ich von meinen Ideen überzeugen will, nein sagt… Was wäre, wenn meine Kritiker recht haben und mein Lebenswerk nicht zustande kommt oder zerbricht…

Lassen Sie die Möglichkeitsform, den Konjunktiv, dort, wo er hingehört: in der Grammatik. Jede Aktion bringt Risiken mit sich. Fehler sind nur dann unverzeihlich und selbstzerstörerisch, wenn wir nichts aus ihnen lernen, wenn wir nicht an den Herausforderungen wachsen.

Die Buddhisten sagen, daß der Weg zur Erleuchtung, der über die Erfahrung führt, der bitterste ist. Da für alles im Leben ein Preis zu zahlen ist, muß auch das innere Wachstum mit aufgeschlagenen Knien, gebrochenen Herzen und verstörenden Erlebnissen bezahlt werden. Indem ich die Freude und Leichtigkeit einer Erfahrung und die Bitterkeit und Trauer einer anderen annehme, mache ich mir ihre Essenzen zu eigen. Das Wesen des jeweiligen Erlebnisses bereichert meine Seele immer. Ich übernehme mit dieser Haltung Verantwortung für jeden einzelnen Augenblick meines Lebens und gestalte ihn mit meinem Willen.

Diese Fähigkeit heißt Vitalität und hält Menschen, die ihr Geheimnis kennen, auf beunruhigende Weise jung.

Den Tag gestalten

*Es ist erstaunlich,
wie voll der Tag sein kann,
wenn man sich
vor Zeitverschwendung hütet.*
KATHERINE MANSFIELD

*Wenn man viel hineinzustecken hat,
so hat ein Tag hundert Taschen.*
FRIEDRICH NIETZSCHE

Hektik und Streß stürzen nicht nur von außen auf uns ein, sondern können auch Folge einer Nachlässigkeit in unserer Zeitplanung sein. Ich habe immer versucht, möglichst viele Termine und Erlebnisse in einen Tag zu zwängen, und vergaß dabei, daß auch das Überdenken der Ereignisse seine Zeit braucht und eingeplant werden sollte. Manchmal unterschätzen wir die Länge der Wege und Fahrten, die wir zurücklegen müssen, kommen abgehetzt an und können uns nicht vollkommen auf die nächste Aufgabe konzentrieren.

Vielleicht ist es Ihnen möglich, öffentliche Verkehrsmittel zu benutzen, um Staus zu umgehen und die Kosten zu verringern? Vielleicht läßt sich eine Verabredung auch am Telefon abwickeln oder mit einem anderen Termin verbinden?

Oder ist die Sache überhaupt nicht wichtig? Wir glauben aber, daß wir sie, weil es sich so gehört, abwickeln müssen? Zur Zeitplanung gehört auch das Nein-Sagen-Können. Jedes Nein kann Ihnen wichtige Zeit geben, für sich selbst und Ihre Familie. Ballast abwerfen heißt das Motto für ein glückliches Leben – auch bei der Zeitplanung.

Versuchen Sie, das gelassenere Unterwegssein durch den Tag mit angenehmen Gefühlen zu verbinden. Bewegen Sie sich entspannt und kommen Sie entspannt an. Überdrehte Betriebsamkeit zahlt sich langfristig nie aus. Wer seine Aufgaben zu schnell erledigt, macht Flüchtigkeitsfehler. Diese zu korrigieren, verschlingt wieder kostbare Zeit. Wenn ich meinen Tag plane, nehme ich mir für jede Aufgabe genügend Zeit und erledige sie so konzentriert wie möglich, aber gelassen.

Woher Sie die Extrazeit nehmen sollen? Die notwendige Zeit, alle wichtigen Aufgaben des Tages in Ruhe zu erledigen, ist da, wenn das Wichtigste zuerst erledigt und Unwichtiges gestrichen wird. Überprüfen Sie die Routine, die Sie für die Bewältigung sich wieder-holender Probleme entwickelt haben. Sie werden sehen, daß sich Zeiträuber eingeschlichen haben! Umständlichkeiten und Unnötigkeiten dürfen die wichtigen Tätigkeiten nicht blockieren.

Gerne würde ich Ihnen jetzt eine Liste von individuellen Zeiträubern präsentieren. Diese Auflistung wäre aber unübersichtlich lang. Die Zeiträuber sind sehr vielfältig und obendrein findig und gut getarnt. Aber gegen einen genauen und unbestechlichen Blick sind sie nicht gewappnet. Es bedarf eben etwas Zeit, um Zeit zu gewinnen – und detektivischen Geschicks.

Konzentration

Sammle dich zu jeglichem Geschäfte,
Nie zersplittere deine Kräfte!
FRIEDRICH VON BODENSTEDT

In Ihr Leben haben sich viele Gewohnheiten eingeschlichen. Überprüfen Sie, ob die Freizeitaktivitäten, die noch vor Jahren unentbehrlich waren, noch immer Ihrem inneren Lebensgefühl entsprechen. Die Berieselung durch Fernsehen und Videos, der Gang zum Kino, der Besuch von Diskotheken, Partys, durchtanzte oder durchzechte Nächte, verqualmte Restaurants – schöne Vergnügungen, netter Zeitvertreib, aber entsprechen sie dem Gefühl für kostbare Momente und Sinn?

Ich habe mich vor Jahren entschieden, eine Auswahl zu treffen, mich zu konzentrieren, auch wenn es um meine Freizeit geht: Wenn ich Fernsehen schaue, dann suche ich mir den Film gezielt aus. Oder ich schaue mir eine Video-Aufzeichnung an, die ich nach Auswahl aus einer TV-Zeitschrift gemacht habe. Ähnlich verfahre ich beim Lesen. Ich lasse mich beraten und suche sehr wählerisch aus. Ich lese das, was mir den Eindruck vermittelt, daß es mir weiterhilft oder mich sehr gut unterhält. Ich möchte kein Mittelmaß erleben, nur weil ich mir keine Zeit zur Wahl lasse.

Möchten Sie wirklich das Stadtteilfest besuchen oder die Radrundfahrt mitmachen? Manchmal ist es Zeitvertreib, und ich glaube, daß ich dahin muß, weil es so viele Bekannte machen. Ich verzichte. Aber zur Geburtstagsparty meiner ältesten und besten Freundin, da möchte ich hingehen. Und ich werde mir viel Zeit zur Vorbereitung lassen. Und vor allem werde ich ein sehr schönes Geschenk für sie aussuchen – auch wenn es etwas länger dauert ...

Am Wochenende bin ich zu Hause

Jeder Vogel findet sein Nest schön.
SPRICHWORT AUS FRANKREICH

Um sich wirkungsvoll zu erholen, ist es kaum nötig, in die Ferne zu schweifen. Wir müssen uns nicht an jedem Wochenende mit einer ungewohnten Umgebung belasten. Auch die kleine Welt, die Sie sich zu Hause geschaffen haben, läßt sich in vollen Zügen genießen.

Beim Wochenend-Urlaub zu Hause sollten Sie nicht die kostbaren freien Tage mit tausend Routinearbeiten, die unbedingt und schon länger hätten erledigt werden müssen, blockieren. Ich verteile solche Aufgaben auf einen längeren Zeitraum und gönne mir auch einmal ein faules Wochenende. Ich ziehe mich – mit meinem Mann – in die eigenen vier Wände zurück, als wären wir ins nächste verschneite Bergdorf verschwunden.

Für alle anderen Lieben, Freunde und Bekannten sind wir »weg«. Wir gehen nicht ans Telefon, nicht an die Haustür. Wer etwas Wichtiges zu melden hat, wird am Montag wieder vorsprechen. Wir vergessen Zeitungen, Zeitschriften, Radio und Fernsehen. Bequeme Kleidung, ein gutes Buch und keine Armbanduhr: So lautet unser erprobtes Rezept. Zeit spielt keine Rolle. Es ist egal, wann Sie essen. Kümmern Sie sich nicht um die eingefahrenen Zeiten. Sie müssen nicht um halb eins Mittagessen. Zumindest nicht an jedem Tag. Und das Frühstück? Das kann auch mit dem Mittagessen zu einem Brunch verquickt werden. Wen sollte das auch stören?

Versuchen Sie, die Umgebung so angenehm wie möglich zu gestalten: Lüften Sie die Räume, umgeben Sie sich mit frischen Blumen, Kerzen, einem gefälligen Raumduft. Die Atmosphäre wird entspannt. Die Sinne werden angesprochen.

Gehen Sie nur den Tätigkeiten nach, die Ihnen im Augenblick in den Sinn kommen und Spaß machen. Und wenn Ihnen das pure Nichtstun am meisten Spaß macht ... dann tun Sie nichts. Ignorieren Sie die Stimme, die Ihnen sagt, daß Sie sich Nichtstun nicht erlauben dürfen. Sie dürfen. Zumindest in einem gewissen Maße. Und das bestimmen Sie!

Lassen Sie sich nicht von negativen Gedankengängen beunruhigen. Lassen Sie sie vorüberziehen wie Gewitterwolken, und hängen

Sie ihnen nicht nach. Falls Sie sich doch beunruhigend, verängstigt oder alleingelassen fühlen, schreiben Sie Ihre Gedanken auf. Lassen Sie die gedrückte Stimmung in den Buchdeckeln zurück. Dadurch, daß Sie sie aufgeschrieben haben, haben Sie die Balance Ihrer Seele schon ausgeglichen. Sie haben sich buchstäblich Ihre Sorgen von der Seele geschrieben und sich gereinigt und befreit.

Von der Seele schreiben...

*Das Tagebuch war ein Ort, an dem ich
die Wahrheit aussprechen konnte,
und wo ich das Gefühl hatte,
von niemandem beobachtet zu werden.*
ANAÏS NIN

Ich weiß nicht mehr genau, wann ich diese Zeilen von Anaïs Nin zum ersten Mal gelesen habe. Ich weiß aber, daß ich sie immer wieder in mich aufgesaugt habe, als Inspiration und Motivation für mein eigenes Tagebuch. Ich müßte mich eigentlich bei Anaïs Nin bedanken, weil sie mich zum Tagebuchschreiben gebracht hat. Und bei meinem Tagebuch, weil es mir soviel Sorgen abgenommen und so viele Freuden und Erfahrungen aufgenommen hat.

Mein Tagebuch ist über die Jahre so etwas wie ein erweiterter Speicher für mein Gehirn geworden. Ich sammle Geschichten, Anekdoten, Zitate und Erfahrungen, sogar Fotos und Visitenkarten sind enthalten. Insofern ist es eine sehr ungewöhnliche Dokumentation dessen, was ich erlebt habe. Und eine Gedankenstütze. Schließlich enthält es so viele Informationen und Erlebnisse, daß ich bald herausgefunden habe, wie ähnlich doch manche Dinge im Leben sind, die einem widerfahren. Man glaubt, daß diese gegenwärtige Situation unlösbar sei. Und dann schaue ich in das Tagebuch und erinnere mich mit dessen Hilfe an einen sehr ähnlichen Moment – wenn auch vier oder sechs Jahre zurück – und ich werde gewahr, wie ich jetzt reagieren könnte.

Auch im Ausland stand mir mein Tagebuch zur Seite. Sicher bin ich nicht so ausgiebig gereist wie Anaïs Nin, aber auf meinen Reisen nach Asien, wo ich manchen verzweifelten Moment erlebte, weil mich keiner verstand, war das Tagebuch eine gute Stütze für die oft gestreßte Seele.

Auch für die Liebe und Erotik ist Platz im Tagebuch. Wenn ich Erlebnisse und Erfahrungen niederschreibe, werden sie intensiver, bedeutsamer und erhalten ein größeres Gewicht. Probleme verschwinden dagegen gleichsam zwischen den Seiten. Ich vertraue sie dem Buch an – und sie sind, wenn man nicht täglich dieselbe Stelle aufschlägt, zuerst einmal unterwegs. Auf einer Reise durch das

Tagebuch oder sonst wohin. Nur nicht mehr im Kopf. Und das ist in dem Moment so wichtig.

Manche von uns haben in der Pubertät ein Tagebuch geschrieben. Andere haben eine besondere Freude daran, die privaten Aufzeichnungen berühmter Persönlichkeiten zu lesen. Leider finden in unserer hektischen Zeit nur noch wenige Menschen die Muße, ein eigenes Tagebuch zu führen. Dabei kann es ein wichtiger Begleiter auf dem Weg zum einfachen Glück sein.

Es enthält Rückblicke, Ausblicke, schöne Erlebnisse, wesentliche Ereignisse, unsere Gedanken und Gefühle, unsere Wünsche und auch Kritik am eigenen Handeln. Das Tagebuch zwingt uns dazu, unsere Ziele genau aufs Papier zu bringen. Alles, was in unserem Geist herumschwirrt, wird eingefangen, in eine Ordnung gebracht und verarbeitet.

Das Tagebuch ist ein Arbeitsbuch und ein schweigsamer, geduldiger Begleiter. Es enthält Ideen und überraschende Entschlüsse, die auf neue Fährten im Leben locken. Das Tagebuch dient als Gedächtnisstütze, Fotoalbum, Geburtstagskalender, ist eine Sammlung von Leitsätzen und Zielen für die Zukunft. Wie leicht vergessen wir, was wir uns vorgenommen haben. Das Tagebuch regt zur Geduld an, wenn die Ergebnisse nicht mit den Träumen Schritt halten. Es macht Mut, denn Sie können nachlesen, was Sie schon verwirklicht und erreicht haben.

Ihr Tagebuch ist Ihr Freund. Das Schreiben soll nie zu neuem Streß in Ihrem Leben führen. Es hilft Ihnen, die Gedanken zu ordnen und zu speichern.

Haben und Lassen

Besitz macht nicht lebendig

Besitzen wir irgend etwas?
Wenn wir nicht wissen, was wir sind,
wie wissen wir dann, was wir besitzen?
FERNANDO PESSOA

Ich trage alles Meinige bei mir.
MARCUS TULLIUS CICERO

Unsere tiefste Sehnsucht ist die, lebendig zu sein. Deshalb suchen wir das Lebendige in all seinen Formen.

Oft ist uns aber nicht bewußt, daß die Quelle des Lebendigseins, des Glücklichseins in unserem Innern liegt. Wir glauben, daß das Glück, der Seelenfrieden von draußen hinzuerworben werden können oder zumindest in einem gewissen Bezug zu käuflichen Dingen stehen. Deshalb umgeben wir uns mit Gegenständen, die uns lebendig und glücklich machen sollen.

Manchmal, wenn mich die Lust etwas zu kaufen überkommt, von dem ich weiß, daß ich es eigentlich gar nicht brauche, frage ich mich, wie kann ein einfacher Hirte in der Taiga oder ein Kameltreiber in der Sahara glücklich sein? Die wichtigste Erkenntnis auf dem Weg zu einem glücklicheren Leben ist: Glück und Besitz bedingen sich nicht. Armut ist aber auch keine Voraussetzung, um wahrhaftig glücklich zu sein. Wieder liegt die Lösung der Lebensherausforderung in der Mäßigung.

Wenn es den Menschen gelingt, den Frieden mit sich selbst zu finden, können sie die erworbenen Dinge immer noch mit Freude nutzen. Aber solange ein unzufriedener Geist kauft, wird er mit keiner Sache der Welt glücklicher. Die Milliardäre der Welt beweisen es: Auf einen Palast folgt der nächste. Die Yachten werden immer länger und die Diamantcolliers noch wertvoller. Aber Lachen und Glück lassen sich nicht kaufen.

Ich glaube andererseits auch nicht, daß der rigorose Verzicht ein gangbarer Weg ist, um in Zufriedenheit zu leben: Wir müssen nicht alles entfernen und in einer leeren Wohnung leben. Aber es lohnt sich zu lernen, nicht mehr mit der ganzen Seele an den Dingen zu hängen. Wir benutzen sie. Sie erleichtern die Arbeit, sie erfreuen uns, aber wir müssen sie nicht besitzen, um glücklich und lebendig zu sein.

Den Besitz nur locker
in den Händen halten

Als Besitz nur eine tönerne Schale
und ein Gewand,
das keinem Dieb von Nutzen ist –
wann werde ich, von Ängsten befreit
und ohne auf meinen Körper
achten zu müssen,
so leben?
DALAI LAMA

Vor kurzem haben mir gute Freunde aus Italien ihre dramatische Geschichte erzählt:

Sie leben in der Nähe von Assisi. Die Bewohner ihres Dorfes wurden kurzfristig vor einem drohenden Erdbeben gewarnt und aufgefordert, ihre Häuser in weniger als zwei Stunden zu räumen. Meine Freunde sind passionierte Sammler alter Möbel und Gemälde. Ihr Haus ist wunderschön, und alle liebevoll arrangierten Besitztümer sind ein Genuß für Auge und Geist. Sie gerieten in Panik. Der Moment, in dem sie ihre Schatztruhe verlassen mußten, riß an den Nerven. Welches Kleinod sollten sie mitnehmen? Welches

Schmuckstück der Zerstörung überlassen? Welcher Schatz war der wichtigste? Unlösbare Fragen.

Meine Freunde erzählten lachend und fröhlich, daß ihnen in diesem Augenblick eines klargeworden ist: Vieles von dem »Zeug« – wie sie es nannten – war im Grunde nicht wichtig für sie. Sie hätten gerne alles mitgenommen, aber in den Minuten der Flucht fühlten sie nicht den leidenschaftlichen Drang, alle Dinge zu retten. Nicht der Verlust der angehäuften Schätze ließ sie erschrecken. Diesen Verzicht konnten sie verkraften. Ihre Unversehrtheit, das Leben und das glückliche Davonkommen der Nachbarn und Freunde lag ihnen am Herzen. Die Warnung vor dem Sturm war zur lebensentscheidenden Lehrstunde geworden. Sie hatten Glück. Das Erdbeben beschädigte ihr Haus kaum. Aber die Lektion prägte ihr neues Leben bis heute.

Sie müssen nicht auf dramatische Erlebnisse in Ihrem Leben warten, um Bilanz zu ziehen. Sie können es auch heute tun: ohne Feueralarm, Sturmwarnung, Kriegsdonner. Wenn Sie wissen, was Ihnen das Wichtigste ist, handeln Sie morgen danach. Ziehen Sie die Konsequenzen. Eine zu enge Bindung an Besitz ist für das seelische Gleichgewicht belastend und kann Ihren inneren Frieden zerstören. Freuen Sie sich an dem, was Sie haben, aber halten Sie Abstand zu den Dingen, die ohne Seele sind.

Stellen Sie sich folgende Situation vor:
Sie haben nur wenige Minuten Zeit, um Ihre wichtigsten Besitzstücke vor der Zerstörung zu bewahren. Was in Ihrem Leben möchten Sie auf keinen Fall verlieren?

....
....
....
....
....
....
....
....
....
....
....
....
....
....
....
....

Alles unter Kontrolle

*An Geld denke ich nur,
wenn ich keins mehr habe.
Zu vergessen, daß es existiert,
ist mein größter Luxus.*
PETER USTINOV

Genauso ist es: Solange es an Geld mangelt, stellt sich kein Glücksgefühl ein. Je knapper das Gut Geld wird, je zentraler wird es im Bewußtsein, je mehr Zeit wird darüber gesprochen, je neidischer schaut man auf den Nachbarn, die Kollegin … Sofern wir oder unser Partner einen halbwegs vernünftigen Job haben, dürfte es aber doch eigentlich zu keinem Mangel an Geld kommen. Es sei denn, daß man etwas über die Verhältnisse gelebt hat. Und das hat nahezu jeder Deutsche schon einmal erlebt oder erlebt es noch.

Wer seine Seele in der Balance halten will, der muß zunächst einmal seine Kasse ins Gleichgewicht bringen. Noch besser wäre es, wenn die Kasse im Ungleichgewicht wäre – und zwar zugunsten von Rücklagen und Spargeldern. Unsere Unzufriedenheit steht oft im engen Bezug zur finanziellen Situation.

Mein Finanzprogramm

1. Schulden abbauen. Jede Mark, die zum Abbau von Schulden eingesetzt werden kann, fließt dorthin. Zu hohe Schulden nehmen dem Menschen das letzte Gefühl von Freiheit.
2. Die Einkaufsgewohnheiten. Mein persönlicher Tip: Gehen Sie mit Ihrem Partner einkaufen. Und zwar an einem fest ausgemachten Tag mit ausreichend Zeit. So kontrolliert man sich gegenseitig. Die Zeit reicht aus, um zu vergleichen und gegebenenfalls in einen anderen Laden zu gehen.
3. Keine Spontankäufe. Spontane Wünsche verfliegen schnell. Machen Sie es zum Gesetz, größere Käufe – vor allem, wenn es spontane Wünsche sind – um mindestens vier Wochen zu verschieben. Oft haben Sie den Wunsch dann schon vergessen – was beweist, daß Sie das Produkt überhaupt nicht brauchten.

Wohin mit dem Geld?

*Eine Viertelstunde
ist tausend Goldstücke wert.*
CHINESISCHES SPRICHWORT

*Man muß dem Gelde gebieten,
nicht gehorchen.*
DEUTSCHES SPRICHWORT

Es ist schwer, über Glück und Zufriedenheit nachzudenken, wenn das Geld für die nächste Miete fehlt. Die wichtigsten finanziellen Probleme muß man also lösen. Vielleicht kann die neu gewonnene innere Ruhe dazu beitragen, materielle Schwierigkeiten langfristig und vorteilhaft in den Griff zu bekommen.

In unserer Gesellschaft ist es für viele Menschen lebenswichtig, sich immer mehr und immer exklusivere Dinge leisten zu können. So kurbelt sich die Konsumspirale an. Es kann deshalb Ihr Verhältnis zu Nachbarn, Bekannten und Arbeitskollegen sehr verändern, wenn Sie beschließen, sich nur noch das zu leisten, was Sie selbst sich nach reiflicher

Überlegung auch leisten wollen. Wenn Sie sich nicht mehr davon beeindrucken lassen, daß ein anderer mehr hat. Ich habe immer wieder erfahren, daß die Freude über eine neue Anschaffung nur kurz währte. Anstelle einer neuen Stereoanlage ist das Geld besser angelegt, wenn es in ein besonderes Erlebnis mit der Familie investiert wird. In einen Ausflug, einen Theaterbesuch mit vielen Freunden. Oder eine Investition in die Gesundheit! Es ist ein unbezahlbares Erlebnis, wenn man mit der Familie und Freunden ein Wochenende mit Sport, Erlebnisschwimmbad, Wandern und Grillen verbringt. Das kann eine schwarze Kiste mit Elektronikelementen, ein Fernsehgerät oder etwas ähnliches kaum aufwiegen.

Auch das Verschenken ist eine oft unterschätzte Möglichkeit, sein Geld sinnvoll einzusetzen. Es gibt kaum etwas Schöneres, als einem Menschen in einer wichtigen Lebenssituation weiterzuhelfen. Einer alten Nachbarin, einem mittellosen Studenten, den man während des Studiums »sponsert«, oder dem örtlichen Kindergarten, der eine neue Ausrüstung für das Spielzimmer benötigt. Ein Lächeln ist ein schöner Ausgleich.

Wachstum wird in unserer Wirtschaft in

Zahlen ausgedrückt. Es braucht Geduld und Mut, hier gegen den Strom zu schwimmen. Lernen Sie zu unterscheiden: Es gibt Dinge, die ich besitzen will und mir kaufe – und solche, die ich besitzen sollte oder müßte und mir erspare. So einfach ist das.

Nur kein Neid!

Der Neider magert ab,
wenn sein Nächster im Fett sitzt.
HORAZ

Die Ehrgeizigen sind leichter neidisch.
Ähnlich sind auch die Kleinmütigen
neidisch, da sie alles für wichtig halten; und was
immer einem anderen an Gutem
widerfährt, sie glauben sich
gewaltig übervorteilt.
THOMAS VON AQUIN

Die deutsche Gesellschaft ist eine »Neidgesellschaft«. Viele Menschen beziehen die Beweggründe ihres Handelns, ihre Motivation nicht aus dem eigenen Antrieb, sondern aus dem Blick auf den Nachbarn und Kollegen. Sie schielen auf den Wohlstand im Haus gegenüber, den schnelleren Erfolg eines anderen bei der Arbeit, die bessere Partie der alten Schulfreundin. Sie glauben, daß der Erfolg des einen dem anderen etwas wegnimmt. Als sei nur ein Kuchen zu verteilen, um den sich alle schlagen müßten. Als gäbe es einen Mangel an Chancen und Möglichkeiten.

Wenn ein anderer die Chance schneller oder wirkungsvoller nützt, sind die leer ausgegangenen Zuschauer mißgünstig. Sie sehen das Leben als ein Nullsummenspiel: Je mehr Erfolg die anderen haben, desto weniger Chancen bleiben einem selbst.

Ich habe mich auch selbst schon dabei erwischt, neidvolle, gehässige Bemerkungen zu machen: Warum verdient der schmuddelige Rockstar mit seinem heiseren Gestotter soviel Geld? Warum wird mein gefräßiger Nachbar, der nie selber denkt, so schnell befördert? Solche Gedanken in schlaflosen Nächten kosten viel Energie und nützen nichts.

Man muß auch gönnen können. Ich finde den Spruch gut und versuche meinem Humor und gesunden Menschenverstand eine Chance zu geben, sobald ich Neid aufkommen spüre. Tatsächlich ist es weitaus befriedigender, sich an dem zu freuen, was man hat, und obendrein dem Nachbarn, Freund oder Verwandten mit dem Erfolg und einem glücklichen Händchen von ganzem Herzen zu gratulieren. Es gibt eben viele Kuchen zu verteilen. Die Geschmäcker sind verschieden und die Ziele im Leben auch.

Je mehr man an seine eigenen Ziele glaubt und am persönlichen Durchbruch arbeitet, um so weniger Zeit bleibt für den Neid. Der Erfolg anderer sollte eher inspirierend und motivierend wirken. Man kann sogar eigenes Selbstbewußtsein aus dem Erfolg anderer ziehen, die man kennt: Schließlich ist es positiv, mit Menschen zusammenzusein, die nach vorne kommen. Man gehört zu einem Erfolgsteam, und man hat dieselben Chancen. So stärke ich mein Selbstbewußtsein und stelle es immer wieder auf eine solide Grundlage.

Die Amerikaner sagen: »Overnight success takes fifteen years.« Der Durchbruch, der über Nacht kommt, hat fünfzehn Jahre gebraucht. Fünfzehn Jahre Arbeit, Geduld, Durchhaltevermögen. Vielleicht sogar ein bißchen länger.

Glauben Sie nicht an den Mangel der Chancen. Glauben Sie an die Fülle der Möglichkeiten, und lassen Sie sich nicht beirren. Der Erfolg anderer Menschen zeigt Ihnen nur, was alles möglich ist. Auch für Sie.

Ich habe begonnen, die Erfolgsschritte anderer zu erforschen. Ich suche das Gespräch mit den Erfolgreichen der Branche, anstatt sie zu beneiden. Man kann viel von ihnen lernen. Und gelegentlich ahme ich das eine oder andere sogar nach. Aber immer auf meine Weise und mit Gelassenheit.

Das Schöne erkennen

Die schönsten Dinge auf der Welt
sind die nutzlosesten;
zum Beispiel Pfauen und Lilien.
JOHN RUSKIN

Jedem ist das Seine schön.
MARCUS TULLIUS CICERO

In Platons Dialog fragt Sokrates den Hippias: »So sage mir denn, Fremdling, wird er sprechen, was ist denn dieses, das Schöne?«

Die beiden diskutieren und diskutieren. Schöne Dinge werden aufgezählt und verglichen. Und es gab wahrhaftig – auch damals – vieles, was man schön nannte. Die beiden Diskutanden kamen aber zu keinem Ergebnis. Sokrates gesteht nach einiger Zeit ein, daß die Frage nicht zu beantworten sei. Und daran hat sich in der Philosophie der vielen Jahrhunderte kaum etwas geändert. »Das Schöne« ist einerseits relativ, von jeder Person selbst zu bestimmen, und andererseits meist auch noch vergänglich – und damit nicht mehr im wahren Sinne des Wortes absolut schön.

Mir gefällt das Wort von Christian Morgenstern: »Schön ist alles, was man mit Liebe betrachtet.« Den Partner, die Familie, die Freunde. Auch der Kranke oder der Behinderte. Schönheit ist in jedem Menschen zu entdecken.

Und wie steht es mit den Dingen? Dem Besitz? In den eigenen vier Wänden sind wir von vielen Dingen, Möbeln, Waren umgeben, die wir im Laufe der Jahre angesammelt haben, und an die wir uns gewöhnt haben. Die Bedeutung einzelner Gegenstände verändert sich mit der Zeit, denn wir haben uns verändert. Ich habe mir meine Umgebung genau angeschaut. Mit einem neuen, frischen Blick. Es drängte sich die Frage auf, was von alledem wichtig sei. Und was ich noch »mit Liebe betrachten« konnte. Viele Dinge habe ich in mein Herz geschlossen, aber nicht alles, wie sich herausstellte. Manches gefiel mir nicht mehr. Die Schönheit ist eben vergänglich. Zumindest im Auge des Betrachters. Aber warum stehen die Sachen dann noch an ihrem Platz?

Vielleicht erläutert diese kleine Geschichte mein Anliegen. Ich bin mit einem Paar befreundet, das seit über zwanzig Jahren Kunst sammelte. Da sie ehrgeizig kauften, besaßen sie ein wahres Museum. Das Haus war vollgestopft mit Vasen, Gemälden, Antiquitäten und wertvollen Teppichen aus der ganzen Welt. Traf ich die Freunde beim Essen oder im Theater, drehte sich die Unterhaltung nur um ein Thema: Was haben wir gesammelt, wie müssen wir den Besitz pflegen, welche Stücke müssen wir als Nächstes kaufen…

Ihr Leben war bestimmt von toten Gegenständen. Sie waren so sehr mit dem Erhalt, der Vermehrung und der Pflege der Sammlung beschäftigt, daß sie nicht mehr die Muße fanden, ihren Reichtum zu genießen, sich an den schönen Dingen zu erfreuen.

Ich sah sie eine Zeitlang nicht mehr. Als ich sie zufällig wiedersah, staunte ich. Sie waren völlig verändert. Sie strahlten. Gelöst und entspannt berichteten sie von der größten Veränderung in ihrem Leben. Sie hatten festgestellt, daß die wertvolle Sammlung ihre Zeit und Aufmerksamkeit so sehr verschlungen hatte, daß sie keine Zeit mehr für sich selbst fanden. Sie hatten eine radikale Entscheidung getroffen und die Kunstgegenstände veräußert. Wochenlang hatten sie beratschlagt, welche Dinge sie behalten wollten, welche

Dinge sie für wirklich schön hielten. Sie hatten einige wenige Exponate behalten, an denen ihr Herz hing – was sie schon vergessen hatten. Jetzt erfreuten sie sich an den freien Wänden und den offenen, leeren Räumen ihres Hauses und an der Schönheit der wenigen Kunstschätze.

Es ist klug, sich in der Konzentration nicht ablenken zu lassen. Der Besitz von schönen Dingen ist nichts Verwerfliches. Aber unser Inneres wird mehr erfrischt durch den freien Blick auf eine einzelne Blume in einer sorgsam ausgewählten Vase als durch tausend Objekte im Regal. Es gilt die alte Regel: Weniger ist mehr. Und wir müssen es mit Liebe betrachten können.

Nehmen Sie sich Zeit, die Schönheit zu entdecken. Oder neu zu erleben. Klammern Sie sich nicht an überflüssige Dinge. Bringen Sie ausgewählte, persönliche Schätze zur Geltung, indem Sie Platz schaffen. In den eigenen vier Wänden – und in Ihrem Innern.

Die Geschenke annehmen können

*Die Vorstellung, das einem
das Leben geschenkt worden ist,
erscheint mir ungeheuerlich.*
ELIAS CANETTI

Vielen Menschen macht es Freude, andere zu beschenken. Es macht ihnen Spaß, ein überraschtes, verdutztes Gesicht zu sehen und fahrige Hände, die das bunte Papier aufreißen. Auf das Beschenktwerden reagieren sie nicht mit der gleichen spontanen Freude, sondern verlegen und unsicher. Kennen Sie das Gefühl? Ähnlich geht es uns mit den Gaben, die jeder Tag ungefragt für uns bereithält. Es ist nötig, langsamer zu leben, um sich an allem zu erfreuen, was einem geschenkt wird.

Wenn Sie mit Energie und Zähigkeit endlich eine Arbeit beendet haben, nehmen Sie sich dann die Zeit, sich über den Erfolg zu freuen? Lassen Sie die vergangene Zeit vor Ihrem inneren Auge vorbeiziehen und vergegenwärtigen Sie sich die Mühe und den Spaß, den Ihnen die Arbeit an dieser Sache gemacht hat? Erinnern Sie sich an alle Schritte, die Sie dahin geführt haben, wo Sie jetzt sind?

Sie verlieren keine kostbare Zeit für eine neue Arbeit, weil Sie auf die vollendete noch einmal zurückblicken. Im Gegenteil, Sie lernen jeden Schritt zum Erfolg besser kennen und nehmen die bewußt erlebte Erfahrung mit in die nächste Herausforderung. Dann gewinnen Sie zweifach: Sie erleben das Vergangene im Zeitraffer und freuen sich daran. Und Sie schöpfen Wissen für die Zukunft.

In unserem Leben passieren viele außerordentliche Ereignisse. Oft ignorieren wir sie oder stempeln sie als Allzubekanntes ab. Dabei müssen wir sie nur langsam und sorgfältig betrachten, um ihre Einzigartigkeit zu erkennen. So lernen wir und füllen unseren Alltag mit positiven Gefühlen.

Einfach teilen

*Mehr geben, als man
zurückerwarten kann.*
ANONYM

Lesen Sie manchmal Ihre Zeitung im Kaffeehaus oder im Zug? Lassen Sie sie doch einfach auf dem Tisch liegen, wenn Sie weggehen. Jemand wird sie benutzen und dabei an den fremden Menschen denken, der ihm diese kostenlose Freude bereitet hat. Haben Sie in Ihren Schränken Dinge, die schon seit Jahren Platz brauchen, verstauben, ungenutzt funktionsuntüchtig werden? Verschenken Sie sie doch. Fragen Sie nach, ob jemand etwas braucht. Geben Sie ein Teil dem Nachbarn, ein anderes einer Verwandten, wieder ein anderes einem Kind, das Dinge für den Flohmarkt in der Schule sammelt. Sie haben Platz, und jemand freut sich über ein unverhofftes Geschenk.

Kleine Geschenke erhalten die Freundschaft. Zum Geburtstag, zu Weihnachten oder auch einfach jetzt-hier-und-heute sind sie willkommen. Nicht nur die Lieben, auch mir völlig Fremde kann ich beschenken.

Ich lasse die Dame mit den unruhigen Kindern im Supermarkt an der Kasse vorausgehen. Ich schenke jeder Verkäuferin ein Lächeln. Ich trage der Oma die Tasche zum Zug. Manchmal beschenke ich einen Menschen, der nie ergründen wird, wer ihm etwas Gutes getan hat. Ich lasse das Wechselgeld in der Telefonzelle. Ich fülle den Strumpf eines kleinen Mädchens in der Wohnung nebenan mit Nikolaussüßigkeiten ...

Lächeln Sie den Bettler an, sagen Sie ihm ein paar freundliche Worte. Sehen Sie ihm in die Augen, und dann geben Sie ihm etwas Kleingeld. Zählen Sie die Münzen nicht. Geben Sie sie einfach weg. Das wird auch Ihnen selbst mehr Freude machen als die Kontoüberweisung mit Spendenquittung für ein nützliches, aber anonymes Hilfswerk. Obwohl Sie auch diese beschenken können. Lesen Sie die Bittbriefe der Organisationen. Sie werden staunen, wie viele kleine, gute Werke auf dieser Welt täglich vollbracht werden. Legen Sie Ihrer Spende einen kleinen Dankesbrief für die Helfer bei. Er wird ihren Tag erhellen. Und Ihren auch.

Mit anderen Menschen glücklich sein

Der Seele Flügel wachsen lassen

> *Man soll das Feuer in seiner Seele*
> *nie ausgehen lassen,*
> *sondern es schüren.*
> VINCENT VAN GOGH

> *Seele ist ein Ereignis,*
> *ein Geschehen, kein Ding!*
> OSWALD SPENGLER

Ein offener Mensch sollte niemals unterschätzen, wie sehr er sich verändern und entwickeln kann. Ich gebe Ihnen eine – natürlich unvollständige – Liste von schönen Eigenschaften, die Sie in Ihrer Seele zum Blühen bringen können:

aufgeschlossen, spontan, treu, geduldig, gehorsam, herzlich, mutig, maßvoll, gerecht, klug, diszipliniert, optimistisch, vertrauensvoll, vertrauenerweckend, dankbar, großzügig, demütig, großherzig, anschmiegsam, hingabevoll, leidenschaftlich, strebsam, fleißig, barmherzig, neugierig, schöpferisch, phantasievoll, tiefsinnig, menschenfreundlich, wohl-

wollend, fromm, höflich, humorvoll, aufgeschlossen, gesprächsbereit, anmutig, warm-
herzig …

Diese und noch andere gute Eigenschaften
können in uns wachsen. Die Frage stellt sich:
Was können wir mit all dem für uns selbst und
für das Glück anderer Menschen tun?

Vertrauen und mehr

Vertrauen weckt Vertrauen.
DEUTSCHES SPRICHWORT

Das Vertrauen erhebt die Seele.
JEAN-JACQUES ROUSSEAU

Jeder Mensch, dem Sie begegnen, fürchtet etwas, liebt etwas, hat etwas verloren. Dem anderen geht es also genauso wie Ihnen. Auch wenn uns allen Enttäuschungen nicht erspart bleiben und das Herz mehr als einmal gebrochen wurde, ist es falsch, dem nächsten Tag und dem nächsten Menschen keine Chance zu geben.

Vorsicht ist vonnöten, doch wenn sie uns handlungsunfähig macht, hat sie ihren Zweck verfehlt. Sie soll uns bewahren, damit unser Schritt nicht ausgleitet, aber sie soll uns nicht am Gehen hindern.

Deshalb verdient jeder neue Mensch ein bißchen Vertrauen, sozusagen als Vorschuß für kommende Tage. Freuen Sie sich, wenn jemand Ihnen Vertrauen schenkt, das Sie nicht erbetteln und nicht erzwingen können. Es ist schlimmer, eine Chance zur Freundschaft nicht ergriffen zu haben, als einmal mehr enttäuscht worden zu sein.

Tango tanzen

*Der Reifegrad einer Gemeinschaft
zeigt sich darin, wie sie mit Fehltritten
in den eigenen Reihen fertig wird.*
GOTTFRIED EDEL

*Vielmehr sind die Menschen verbunden,
nebeneinander und miteinander zu leben,
damit einer des anderen Glückseligkeit
befördern kann, so viel an ihm ist.*
CHRISTIAN FREIHERR VON WOLF

Gelegentlich sind wir geneigt, die Verantwortung für unser Leben, die schwer auf unseren Schultern drückt, abzulegen und jemand anderem die Schuld für all unsere Versäumnisse in die Schuhe zu schieben. Diese Methode ist weit verbreitet, aber weder wirkungsvoll noch wahrhaftig. Vorwürfe gegen Staat und Gesellschaft, gegen ein unvollkommenes Elternhaus, gegen Familienangehörige oder Partner helfen uns nicht aus der Misere.

Erstens verletzen die Schuldzuweisungen unser positives Motto, jedes Problem als Herausforderung zu sehen und selbst zu lösen. Zweitens stören uns die Beschuldigungen auf unserem Weg zu dem anderen, beim Erlernen von Miteinander und Toleranz. Drittens gilt im Leben der Satz: »It takes two to tango.« – Es braucht zwei, um Tango zu tanzen.

Ich will jetzt nicht über die traurigen, traumatischen Erlebnisse sprechen, in denen ein Mensch nur Opfer einer Handlung und ein anderer nur Täter war. Ich spreche von alltäglichen Begebenheiten unter Erwachsenen. Wenn jeder die ganze Verantwortung für jede seiner Taten und Unterlassungen übernimmt, können wir das «Opfer-Täter-Spielchen» beiseite lassen und uns mit der Unvollkommenheit der Wirklichkeit und unserer Charaktere auseinandersetzen.

Uns streiten und versöhnen. Aneinander wachsen. Einander dankbar sein für jede Gelegenheit, in der wir etwas Neues und Spannendes über uns selbst und die große, weite Welt erfahren.

Sagen Sie »nein«

Grundsätzliches Einverständnis
ist die höflichste Form der Ablehnung.
HANS JARAY

Der wirklich freie Mensch ist der,
der eine Einladung zum Essen ausschlagen kann,
ohne dafür einen Vorwand angeben zu müssen.
JULES RENARD

Ein guter Freund ruft unvermittelt an und lädt kurzfristig zum Abendessen ein. Eigentlich hatte ich etwas anderes vor. Genauer gesagt, ich hatte gar nichts vor, sondern wollte in Ruhe gelassen werden, auf dem Sofa liegen, nichts tun. Vielleicht später einen Krimi lesen – oder auch nicht. Essen, trinken, reden, gesellig sein wollte ich an diesem Abend auf keinen Fall. Aber ich wollte meinen Freund auch nicht enttäuschen. Also war ich »diplomatisch« wie ein Politiker, fuhr zum Dinner, wahrte den äußeren Schein, genoß später sogar den lockeren Abend. Mehr oder weniger.

Manchmal ist es angenehm, nachzugeben und sich vom Willen eines anderen treiben zu lassen. Manchmal kompliziert es unser Leben. Dann wünschen wir uns, einfach »nein« sagen zu können. Wenn wir es dann tun, spüren wir, daß es unsere Freiräume erweitert. Und wenn wir diplomatisch bleiben, verscherzen wir uns auch keine Sympathien.

Nein sagen! Ohne lange Begründung, ohne erlogene Ausflüchte, ohne Versprechungen für ein nächstes Mal. Ich möchte nun mal keine Termine oder Verabredungen mehr, die nicht unbedingt nötig sind. Ich möchte den spontanen Ideen für die Gestaltung meiner Zeit nachgeben. Erstaunt habe ich festgestellt, daß meine Freunde – wenn ich mein »Nein« freundlich und bestimmt zum Ausdruck bringe – keineswegs eingeschnappt sind und mir nie den Kontakt aufkündigen.

Manchmal erhalte ich jetzt einen Korb, wenn ich selbst kurzfristige Einladungen für Abendessen ausspreche. So bleibt die Balance der Ehrlichkeit erhalten, und ich bin zufrieden damit.

Freundschaft

Kinder werfen den Ball an die Wand
und fangen ihn wieder;
Aber ich lobe das Spiel,
wirft mir der Freund ihn zurück.
JOHANN WOLFGANG VON GOETHE

Wenn wir mit der Liebe die Leidenschaft und Vergänglichkeit eines Gefühls verbinden, so mit der Freundschaft die Langmut und den Trost warmherziger Zuneigung.

Als wir Kinder waren, waren unsere Freundschaften uneigennützig. Wir fragten nicht nach dem Status des Kindes, das wir liebhatten, nicht nach seiner Herkunft, seinen Plänen, nicht nach dem Zubehör an Geld, Intelligenz, Aussichten. Unsere Haltung war grausam und geradlinig: Den mag ich, die nicht, die am meisten, den ein bißchen. Und jetzt?

Können wir noch über alle Grenzen hinweg Freundschaft und Vertrauen schenken? Ohne Eigennutz, aus den Launen eines wankelmütigen Gefühls heraus? Um dann mit dem Wissen und der Lebensklugheit des

Erwachsenen die Freundschaft auf soliden Boden zu stellen? Ein Fundament schaffen, damit sich eine Geschichte entfalten kann mit all den funkelnden Augenblicken und ermüdenden Mißverständnissen, die dazugehören? Wieviel Spontanität und Geduld haben wir noch? Freundschaft ist Freude an einem anderen. Sie kann täglich beginnen.

Bindungen

Die Kindheit ist vorbei. Wenn wir jedoch nach Hause kommen und die Eltern und Geschwister wiedersehen, taucht sie aus der Vergangenheit wieder auf. Wir begegnen Menschen, die wir schon unser ganzes Leben lang kannten, von denen wir alles wissen, die uns durch und durch kennen…und doch nicht.

Es ist schwer, offen zu sein für das scheinbar Vertraute. Wir erwarten keine Überraschungen. Wir wollen sie auch nicht, sind zu müde. Aber gerade hier brauchen wir die Offenheit, damit wir die Chance haben, mit den vertrauten Menschen zu wachsen.

Nicht von selbst stellt sich eitel Harmonie und Sonnenschein ein, weder an Weihnachten noch bei Hochzeiten und anderen Familienfeiern. Immer gibt es die eine oder andere Mißstimmung: einen Geist aus der Vergangenheit, eine alte Verletzung, ein verborgenes Mißtrauen.

»Wie werde ich damit fertig?« fragt man sich und erwartet die Begegnung mit der Vergangenheit mit Bangen und Ungeduld.

Ich werde nicht damit fertig. Denn niemals, im Guten wie im Bösen, sind die ältesten Verbindungen, die wir haben, versteinert, unveränderlich wie der Lauf der Sonne und des Mondes. Wenn wir uns zurücklehnen und Platz lassen können für überraschende Wendungen, dann werden wir sie auch erleben: Ein lang gewünschtes Gespräch über unausgesprochene Mißklänge, eine erhellende Erklärung für alte Verhaltensweisen, ein kleines schüchternes Pflänzchen Freundschaft mit jemandem, den ich schon aufgegeben hatte.

Alles ist möglich, wenn ich die neuen Pflanzen nicht im Keim ersticke. Wenn ich verzeihe – den anderen und auch mir selbst und einen nicht geplanten Schritt auf dem dünnen Eis wage. Dann muß ich nicht in der Fremde suchen, was zu Hause auf mich wartet und zum Leben erlöst werden will.

Lösungen

Meide alles, was die Menschen trennt,
und tu alles, was sie eint.
LEO N. TOLSTOI

Besser auseinander gehen in Einigkeit,
Als immerdar beisammen sein in Zank und Streit.
CARL SPITTELER

Manchmal stelle ich mir vor, daß meine Bindungen und Freundschaften wie Blumen sind, die im Garten meiner Seele wachsen. Bevor ich mich also entschließe, eine Beziehung zu beenden, frage ich mich, ob es wirklich gut ist, das Pflänzchen auszurupfen, oder ob es nicht vielmehr sinnvoll ist, es in einem unzugänglichen Teil des Gartens weiterwachsen zu lassen. Vielleicht brauche ich das Blümchen noch in einem Moment meines Lebens, den ich jetzt noch nicht erahnen kann.

Wir sollten die Brücken nicht leichtfertig hinter uns verbrennen. Wir werden uns wundern, wie oft wir noch manche Brücke überqueren müssen.

Manchmal ist es schön, auch die schweren Augenblicke einer Freundschaft zu bedenken, die Mißverständnisse, den Zorn, die Enttäuschungen. Zart und bitter schmeckt die Schokolade, aus der das Leben gemacht ist. Deshalb lohnt es sich, innezuhalten, und nachdem die Wut verraucht ist, entspannt zu überlegen, ob es unumgänglich ist, zu sagen: Ich löse diese Bindung. Oder: Ich gebe der Freundschaft noch eine Chance. Alles und jeder sollte drei Chancen haben. Mindestens.

Nur die Liebe zählt

Die wahre Liebe ist voller Vertrauen.
CLAUDINE ALEXANDRINE GUÉRIN DE TENCIN

Der Klassiker der Lebensweisheiten, »Die Kunst des Liebens« von Erich Fromm, beschreibt das Verhalten, das der Liebende in sich entwickeln muß, um diese Kunst zu erlernen. Um sein Ziel zu erreichen, muß der Lehrling vieles üben, das nicht unmittelbar damit verbunden ist. Er kann es zur Meisterschaft bringen, wenn er sich die Zeit nimmt, allgemeine positive Haltungen zu trainieren.

Er lernt, Disziplin, Geduld, Vertrauen und unbedingtes Interesse an der Berufung zur Meisterschaft. Für die Lehrlinge in der Kunst, den einfachen Weg zum Glück zu gehen, gelten dieselben Regeln. Menschliches Glück erfordert Konzentration, Disziplin und das Ablegen des Narzißmus. Das einfache Glück verlangt wie die Liebe nach Demut, Objektivität und Vernunft, nach Identität, Glauben und Mut. Der Weg zum Glück muß mit Inten-

sität, Wachheit und Vitalität in allen Augenblicken des Lebens gegangen werden.

Glück und Liebe gehören unzertrennlich
zusammen.

Wenn alles zu Ende ist

Tränen sind nicht salzig

Und Tränen fließen gar so süß,
Erleichtern mir das Herz.
JOHANN WOLFGANG VON GOETHE

Tränen reinigen das Herz.
FJODOR M. DOSTOJEWSKI

Über Tränen spricht man nicht. Jeder von uns weint gelegentlich im stillen Kämmerlein. Nach dem schmerzhaften Kraftakt fühlt man sich leer und müde, aber auch befreit von einer Last, die der Seele den Atem nahm.

Geben Sie dem Wunsch zu weinen nach. Lassen Sie sich auch nicht davon abhalten, sich in Tränen aufzulösen. Tränen befreien und bringen uns einen Schritt weiter, denn sie beruhigen die Seele.

Wir alle haben Grund zur Trauer, wie wir Grund zur Freude haben. Alle Empfindungen zusammen, die schönen und die traurigen, machen uns lebendig und lassen uns das Leben als sinnvolles Ganzes annehmen.

Falls Sie Furcht vor Ihrem Ausbruch an Leiden und Qual haben, lassen Sie sich Zeit. Gönnen Sie sich eine Tränenkur. Wenn die Tränen kommen, halten Sie nichts zurück. Weinen Sie sich aus. Kontrollieren Sie sich nicht. Setzen Sie sich keine Grenze der Tiefe oder der Zeitdauer Ihres Weinens. Zählen Sie Ihre Tränen nicht, sondern lassen Sie sich in Ihren Schmerz hineinfallen. Das heiße, salzige Wasser schwemmt Ihre Qualen weg, heilt Wunden, glättet Narben und weckt Ihre Lebensgeister. Weinen Sie nach Herzenslust und schlafen Sie dann. Wenn Sie wieder aufwachen, sind Sie erfrischt. Und können sich wieder am Leben erfreuen.

Abstand finden können

Alle Menschen und Dinge
haben ihre besondere Perspektive.
Manche muß man aus der Nähe sehen,
um sie beurteilen zu können,
andere aus der Ferne.
FRANÇOIS DE LA ROCHEFOUCAULD

Sie sind in einer Situation gefangen, die Sie aufwühlt und Ihnen die Kraft raubt, nachzudenken. Sie sind wütend, verletzt, verstört, müde, fühlen sich falsch verstanden, ausgelaugt, ungeliebt. Sie wehren sich. Dabei fühlen Sie sich immer hilfloser.

Versuchen Sie langsam und mit geduldiger Konzentration, Abstand zu nehmen. Sehen Sie die verfahrene Situation aus einer neuen Perspektive an. Stellen Sie sich vor, Sie seien ein Außenstehender oder die Situation sei bereits vergangen. Distanzieren Sie sich von Ihren berechtigten Gefühlen. Lassen Sie Ihren Zorn und Ihre Bitterkeit los.

Das mag schwer sein. Es ist eine Sache der Übung, der geistigen Disziplin. Zunächst mag Ihnen diese Technik mechanisch vorkommen.

Sie wehren sich gegen einen neuen Blickwinkel, der Ihnen leider auch Ihre eigenen Schwächen vorführt. Doch die Übung wird Sie stärken. Sie wird Sie lehren, auch die Perspektive des anderen anzunehmen. Toleranz zu üben. Verzeihen zu lernen. Sich einmal nicht so wichtig zu nehmen. Vielleicht sogar über den eigenen Hitzkopf zu lachen.

Selten im Leben geschieht etwas Weltbewegendes, das alles in Frage stellt. Deshalb ist es klüger, sich mit den Ungereimtheiten zu arrangieren. Das löst die Anspannung und schont die Nerven aller Beteiligten. Nächstenliebe und Verantwortungsgefühl sind angesagt auf dem Weg vom Kleinkrieg zum kleinen Frieden. Zerschlagen Sie nicht das Porzellan, das Sie täglich brauchen.

Sich beraten lassen

Wer mit dem Geist der Traurigkeit
geplagt wird,
der soll aufs höchste sich hüten,
und vorsehen,
daß er nicht allein sei.
MARTIN LUTHER

Unser Gehirn existiert nicht im Vakuum. Unsere Gefühle, insbesondere unsere Trauer, fühlen sich ohne Partner steril an. Unsere Gedanken wollen und müssen ausgetauscht werden. Alleine und ohne jeden sozialen Kontakt sind wir absolut hilflos. Unser Leben ist leichter, wenn wir unsere Erfahrungen, unsere Freude und unser Leid mit anderen Menschen austauschen.

Sicherlich können wir einige Probleme ohne jede Hilfe, jeden Austausch bewältigen. Aber es gibt Situationen, wo wir auf einen anderen Menschen angewiesen sind. Natürlich fällt es uns schwer, einzugestehen, daß man an einem bestimmten Punkt nicht weiter weiß. Wir möchten uns selbst helfen, sehen aber ein, daß wir weder über genügend

Wissen noch über ausreichend Abstand verfügen, um den Stolperstein zu umgehen.

Zögern Sie nicht, sich mit anderen Menschen auszutauschen. Manchmal stellen Sie mit Überraschung und Freude fest, daß sie mit ähnlichen Schwierigkeiten zu kämpfen haben. Sie können Ihnen einen Rat oder Hilfe geben. Freundschaften werden gefestigt, wenn die Menschen sich gegenseitig beistehen. Auch die Freude, die Sie erfaßt, wenn Sie endlich eine Talsohle überwunden haben, können Sie dann mit Ihrem freundlichen Ratgeber teilen. Manche Schwierigkeiten können nicht im Freundeskreis gelöst werden. Für einige Probleme brauchen wir Spezialisten. Einen Zahnarzt, einen allgemeinen Arzt, einen Mechaniker, einen Steuerberater. Es kann sein, daß sich seelische Schwierigkeiten auf dem Weg zum Glück auftun, die man nicht alleine bewältigen kann. Dann sollte man nicht zögern, fachärztlichen Rat zu suchen. Ich habe meine Vorbehalte gegen die psychologisch geschulten Berater schon längst zur Seite geräumt, nachdem ich erlebt habe, wie wichtig die Hilfe sein kann. Bedenken Sie dabei bitte auch: Der fremde Berater ist nur eine Stütze auf Zeit. Wenn Ihre inneren Konflikte gelöst sind, beenden Sie die Behandlung und agieren wieder selbständig.

Was von uns bleibt

In jedermann ist etwas Kostbares,
das in keinem anderen ist.
Martin Buber

Die Zeit geht hin,
und der Mensch gewahrt es nicht.
Dante Alighieri

Eines Tages erzählte mir mein Mann von einem Seminar für Manager, von dem er am Vorabend zurückgekehrt war, und auf dem er eine denkwürdige Übung kennengelernt hatte.

»Stellen Sie sich Ihr Begräbnis vor«, hob der Lehrer mit ruhiger Stimme an. Alle Teilnehmer schauten sich um. Keiner war sicher, daß er richtig gehört hatte. »Der Sarg ist bereit. Ihre Freunde und alle Lieben sind gekommen, um von Ihnen Abschied zu nehmen. Die Kerzen brennen. Die Blumen duften. Ein jeder Mensch, der in Ihrem Leben wichtig war, tritt vor und spricht von Ihnen, würdigt Sie und Ihre Leistungen, Ihr Leben, Ihre Taten, Ihre

Unterlassungen und nimmt vor den anderen und wahrhaftig von Ihnen Abschied.« Der ältere Herr vor der Managergruppe hielt inne. Er wußte, daß das ein schwieriger Moment für alle Teilnehmer war. Jetzt schaute der Seminarleiter aus dem Fenster und sprach sicher und gefaßt weiter: »Was werden die Menschen, denen Sie wichtig sind, sagen? Was werden sie hervorheben? Was werden sie verschweigen wollen? Worüber werden sie trauern? Werden sie Sie vermissen?«

Kein Gesicht konnte jetzt noch lächeln. Jeder Teilnehmer hatte dieses Bild jetzt vor Augen. Es war absolut ruhig.

»Ich möchte, daß Sie darüber nachdenken, was diese Menschen von Ihnen bei Ihrer Beerdigung sagen sollen … Wie sehr sollen sie Sie vermissen? Wie sollen sie sich trösten? Was haben Sie in Ihrem Leben getan, das diese Menschen über Ihren Tod hinaus tröstet? Welchen Schatz hinterlassen Sie? Welche Kraft geben Sie über Ihren Tod hinaus den Menschen, die Sie lieben? Schenken Sie ihnen Trost und Vergebung, damit Ihr Tod nicht eine Last, sondern eine Herausforderung ist, in Ihrem Sinne weiterzuleben? Ist Ihr Tod ein Stachel in ihren Seelen oder ein Quell der Energie und der Freundlichkeit für eine Zukunft, die ohne Sie bewältigt werden muß?«

Keiner wußte, ob er nun schockiert oder gelassen sein sollte. Vielen war das ungute Gefühl ins Gesicht geschrieben. Einige der Manager hatten Tränen in den Augen. Auch mein Mann mußte zugeben, daß es ihm in diesem Moment nicht so gutging.

Jeder sät und erntet die Früchte des eigenen Handelns. Aber auch die anderen ernten von dem, was wir gesät haben. Sie ernten Freude oder Verdruß, Lebendigkeit und Erstarrtheit, Leere oder Fülle. Es liegt bei uns, wie der Abschied erlebt wird. Den Tag und die Stunde kennen wir nicht. Vielleicht haben wir noch Jahrzehnte vor uns, vielleicht nur Stunden. Wenn ich mich sorge um die Trauer meiner Mitmenschen, vergesse ich die Angst vor dem Tod und arbeite für das, was bleibt – nach mir.

Überlebenstechniken

Humor und Lachen

Der Humor ist das bewußte Einatmen
des Lebens,
das nach dem Verhauchen
nichts mehr fragt.
EMIL GÖTT

Das Lachen ist uns abhanden gekommen. Jedenfalls ist das ein Eindruck, dessen man sich nicht erwehren kann, wenn man ein Baby beobachtet, das von Herzen lacht. Immer wieder.

Kinder lachen von ganz alleine, spontan und schon bei geringstem Anlaß. Je schneller das Leben wird und je älter und erwachsener wir werden, desto weniger lachen wir. Wir verlernen es, Spaß zu haben und herzhaft zu lachen. Dabei sind das Lachen und der Humor zentrale Überlebenstechniken für die Seele.

Ich mußte lachen, als ich davon las, daß es in den Vereinigten Staaten von Amerika Lachtherapeuten gibt. Menschen also, die das Lachen systematisch lehren, Bücher darüber schreiben, Kassetten besprechen, Videos herstellen – und nachweisliche Erfolge in der Behandlung von Patienten erzielen. Sie setzen das Lachen gegen Streßsymptome und alle Arten von psychischer Anspannung ein. Und die Fachliteratur berichtet von den Programmen.

Bizarre Welt. Können wir nicht einmal mehr von alleine lachen? »Wenn nichts mehr hilft, hilft nur noch lachen«, sagte mein Großvater. Sich zurücklehnen und ausgiebig über sich und die Welt lachen. Das befreit die Seele und verleiht ihr Flügel. Irgendwo in einer Ecke des Nachttischschränkchen sollte eine versteckte Sammlung alter Comics, Witzhefte und Cartoons ein geheimes Dasein fristen. Nur für Notfälle.

Es gibt nur wenige Probleme in meinem Leben, mit denen eine ausgiebige Nachtruhe, ein reichhaltiges Essen mit Lieblingsspeisen und Snoopy nicht fertig werden. Kennen Sie Snoopy? Das ist der kleine Hund in der alten Cartoonserie »Peanuts«. Ich muß lachen, wenn ich an ihn denke. Ich versuche oft an ihn zu denken – und an alles andere, was mich zum Lachen bringt. Man fühlt sich einfach besser …

Die großartigsten Momente
für die Seele

*Die Erinnerung
ist das einzige Paradies,
woraus wir nicht
vertrieben werden können.*
JEAN PAUL

*Es ist erfreulich,
sich einer glücklichen Zeit zu erinnern.*
OVID

Aktives Stimmungsmanagement« nannte ein
Motivationstrainer aus meinem Bekannten-
kreis das, was ich schlicht das Erinnern an
besonders schöne, erfolgreiche und großartige Momente im Leben bezeichne.

Dabei ist es nicht schwer, sich an wunder-
volle Momente des Lebens zu erinnern.
Schwieriger ist es allerdings, sich im rechten
Moment daran zu erinnern. Dann nämlich,
wenn es uns nicht so gutgeht. Wenn wir das
Gefühl haben, daß ein sehr wenig großartiger
Moment des Lebens bevorsteht oder gerade

abgeschlossen wurde. Wenn wir Hilfe brauchen, um das Leben lebenswert zu finden und unser Selbstbewußtsein einen positiven Schub benötigt.

Wir können unsere Stimmung managen. Und zwar aktiv. Darum geht es. Ich habe immer eine Liste besonders schöner, großartiger Momente auf Abruf in meinem Gehirn gespeichert. Meine Hochzeit, das gelungene Examen, die Geburt meines Kindes, aber auch den Sonnenuntergang auf Ko Samui in Thailand und das Glas Rotwein auf der sommerlichen Terrasse meines Lieblingshotels in Belgien. Allein der Gedanke an die schönen, großen und kleinen Momente meines Lebens hilft mir, die Krisen des Alltags zu vergessen.

Wenn Sie spüren, daß ein Gefühl der Sorge und Angst, Unzufriedenheit oder des Ärgers Sie zu übermannen droht, dann versetzen Sie sich im Geiste in einen wundervollen Moment Ihres Lebens. Riechen Sie den Duft dieser ausgewählten Minute, hören Sie die Stimmen, fühlen Sie die Sonne auf Ihrer Haut und sehen Sie das Schöne, das Sie jetzt vermissen. Dann wissen Sie, daß Sie es wieder haben werden und daß der kleine Moment, in dem nichts zu klappen scheint, nur eine Durchgangsstation ist. Seien Sie sicher, daß die schönen Momente wiederkommen. So wie Sie es vor Ihrem geistigen Auge sehen und fühlen.

Stimmungen lassen sich aktiv steuern. Man muß nur genügend positive Momente aus dem Riesenspeicher Gehirn möglichst wirklichkeitsnah abrufen können. Manche Psychologen sprechen von »ankern«. Wir halten das gute Gefühl fest und legen es säuberlich ab. Und damit es nie verlorengeht, werfen wir in diesem Moment des Lebens einen Anker. So wissen wir, daß das Großartige dort bleibt, wo wir immer wieder darauf zurückkommen können. Dieses Gefühl allein gibt die Sicherheit, jeden Tag mit seinen Hürden bewältigen zu können.

Schreiben wie verrückt

Als ich das erste Mal schrieb,
verspürte ich das erste Mal
den Geschmack der Freiheit.
JEAN GENET

Denn was wir nicht aufschreiben,
bleibt oft in unserem Gefühl ziemlich unbestimmt.
ANAÏS NIN

Mein Rat bezieht sich jetzt nicht auf das Schreiben eines Tagebuchs. Hier geht es um intuitives Schnellschreiben.

Nehmen Sie in Ihrer neugefundenen freien Zeit reichlich Papier zur Hand und schreiben Sie. Schreiben Sie alles auf, was Ihnen einfällt und auf der Seele brennt. Achten Sie nicht auf Formulierungen und perfekten Satzbau.

Schreiben sie sich das innere Chaos aus halbfertigen Gedanken, ungereiften Gefühlen, Halbherzigkeiten, Ungereimtheiten, verborgenen Wünschen, ungeplanten Zielen, unausgegorenen Leidenschaften, nicht eingestande-

nen Fehlern, verkümmerten Talenten, vergessenen Stärken, nicht kultivierten Fähigkeiten,
verträumten Zuneigungen, instinktiven Abnei-
gungen, alle Tugenden und Laster … eben alles, alles … von der Seele.

Sie werden sich nicht bedrängt und bela-
den, sondern im Gegenteil leicht und befreit
fühlen. Diese Schreibwut dient nicht der kon-
trollierenden Bestandsaufnahme, der kalku-
lierenden Überprüfung von Taten, Risiken
und Zielen. Sie notieren Ihren Gedankenstrom, um sich zu entlasten, um Freiraum zum
Denken und Atmen zu finden. Die im Bewußtsein gespeicherten Informationen werden zu
Papier gebracht, damit es sich neuen Aufgaben widmen kann. Etwa so, wie ein wichtiger
Termin notiert wird, um ihn nicht zu vergessen, und trotzdem den Kopf für das nächst-
liegende Problem frei zu haben.

Lesen Sie deshalb die Notizen nicht wieder
und wieder durch, denn damit verankern Sie
die Gedanken nur fester in Ihrem Kopf, den
Sie doch entlasten wollten.

Manchmal finden Sie beim Schreiben die
Lösung für eine verfahrene Situation. Der
mühelose Gedankenstrom kann sehr wirkungsvoll sein, wenn man die Zügel locker läßt
und nichts kontrollieren will.

Die wichtigsten Worte

Worte sind Luft.
Aber die Luft wird zum Wind,
und der Wind macht die Schiffe segeln.
ARTHUR KOESTLER

Als der französische Schriftsteller Albert Camus gebeten wurde, seine zehn wichtigsten Worte aufzuschreiben, notierte er folgende Liste in sein Tagebuch:

»Die Welt, der Schmerz, die Erde, die Mutter, die Menschen, die Wüste, die Ehre, das Elend, der Sommer, das Meer.«

Meine zehn wichtigsten Worte

....

....

....

....

....

....

....

....

....

Sich fallen lassen

Keine andere Tätigkeit kann so viel
Spannung und Aggressivität abbauen
wie die in Körperbewegung
umgesetzte Musik.
GERHARD SZCZESNY

Wer an Unabhängigkeit gewohnt ist,
dem ist jedes Band ein Zwang,
jede Kette eine Last.
NICCOLÓ MACHIAVELLI

Seit Jahrtausenden drücken die Menschen ihre Gefühle durch Musik und Tanz aus. Ihren Schmerz, ihre Freude, ihr Glück. Getanzt und gesungen wird vornehmlich zu besonderen Gelegenheiten: Geburtstagen, Hochzeiten, Orts- und Stadtfesten. Tanz und Gesang heben die Stimmung und reißen die Menschen mit in das Glück des Augenblickes.

Deshalb ist es angenehm, den ausgelassenen, spontanen Gesang oder Tanz zu kultivieren. Das Singen befreit den Geist und vertreibt die trüben Gedanken. Anregende Musik in der Küche oder im Auto hebt die Stimmung und beschwingt. Lassen Sie Ihren Vorlieben freien Lauf, Ihre Lieblingslieder zu hören und mitzusingen oder zu summen. Die triste Situation verschwindet, und die Seele schwebt.

Tanzen hat dieselbe Wirkung. Gemeint ist nicht der gestylte Showtanz oder die genormten Bewegungen der Tanzschulenästhetik. Jede rhythmische Bewegung des Körpers, die aus der spontanen Lust am Leben entsteht, belebt Sinne und Verstand. Keine Kontrolle, keine Hemmungen, nur Ausgelassenheit ist erlaubt. Tanz und Musik sind wahrhafte Glücks-Provokateure und einfach himmlisch.

Neue Wege

*Kleine Schritte sind besser
als keine Schritte.*
WILLY BRANDT

*Wer große Schritte macht,
kommt nicht weit.*
LAO-TSE

Ich nehme mir etwas Neues vor. Ich will neue Wege gehen. Meine alltäglichen Gewohnheiten sollen verändert werden. Und ich weiß ganz genau, welche Gewohnheiten schädlich für mich sind. Und trotzdem ist es so schwer, von ihnen loszukommen.

»Zuallererst mußt du aufschreiben, was verändert werden soll ... Und am besten fügst du gleich an, warum du es verändern willst«, sagte ein Freund zu mir.

Ich notierte mir gleich: »Ich stehe jeden Morgen eine halbe Stunde früher auf und mache leichte Gymnastik. Und zwar, weil ich mehr sinnvolle und gezielte Bewegung für meinen Körper brauche. Schließlich sitze ich sehr viel.« Und ich fügte an: »Und morgen früh starte ich. Komme was wolle!«

Es wirkte. Tatsächlich baute ich meine erste Morgengymnastik in meinen Tagesablauf ein. Und ich war stolz auf mich.

Am nächsten Morgen hat es aber schon nicht mehr geklappt. Die alte Gewohnheit hat mich gefangengenommen. Ich habe einfach durchgeschlafen. »Ich schaffe das nie«, murmelte mein Unterbewußtsein. »Ich habe versagt«, fügte ich lauter hinzu.

Es macht keinen Sinn, sich zu beschimpfen. Gewohnheiten haben eine große Macht. Haben Sie Geduld mit sich selbst. Es ist noch kein Meister vom Himmel gefallen. Mit Ausdauer lassen sich Ziele erreichen, die in der spontanen Begeisterung des Augenblicks als Ideen geboren wurden.

Was wollen Sie für Ihr Wohlbefinden tun? Um Ihre Fortschritte wahrnehmen zu können, müssen Sie vor dem Handeln Ihr Ziel bestimmen. Dieses Ziel immer vor Augen zu haben, wird Sie motivieren und Ihnen Kraft geben, wenn der Tag trübe und die Begeisterung verflogen ist.

Aber setzen Sie Ihr Ziel mit einem realistischen Blick auf Ihre Wirklichkeit. Stellen Sie sich der Wahrheit. Die meisten von uns sind keine Hochleistungssportler, keine Asse. Sie müssen morgens keinen Marathonlauf machen. Sie müssen nicht in einer Woche zwanzig Kilo abnehmen oder zehn Zentimeter wachsen. Denken Sie nicht an Olympiasieger, Popstars, Mannequins, Models, Moderatoren, Fernsehvorbilder und private Idole. Es geht nur um *Sie* allein und Ihre Möglichkeiten. Nur die Entwicklung Ihrer ureigenen Möglichkeiten macht Sie glücklich. Wie die anderen glücklich werden – falls sie es denn sind –, ist für Ihr Programm nicht wichtig. Neue Wege sind Ihre Wege. Persönlich ausgewählt. Und *Sie* werden sie begehen …

Mit Ruhe zum Glück

> *Wer langsam geht,*
> *geht sicher.*
> ITALIENISCHES SPRICHWORT

> *Langsam gearbeitet,*
> *schafft kunstvolle Ware.*
> CHINESISCHES SPRICHWORT

Sich nach dem großen Glück im Leben zu sehnen, ist die menschlichste Sache der Welt. Aber ein Denker hat einmal gesagt: Das Glück kommt nur zu dem, der darauf vorbereitet ist. Deshalb gilt es, den Boden zu bereiten, damit das zarte Pflänzchen wachsen kann, wenn es als winziger Sproß in unsere geöffneten Hände fällt. Nur, wer die Augen offenhält, nimmt überhaupt wahr, daß dieses oder jenes scheinbar bedeutungslose Ereignis einen entscheidenden Einfluß auf die persönliche Zukunft haben könnte.

Das Glück ist mit den Tüchtigen. Ganz richtig. Doch es lohnt sich nicht, so hektisch zu werden, daß man vor lauter Glückssuche und

Vitalitätssprüngen im Spurtschritt am Glück vorbei rennt. Finden Sie Ihren Rhythmus von Tätigkeit und Ruhe, und nehmen Sie sich die Zeit, über Ihre Erlebnisse nachzudenken. Ihnen nachzuschmecken. Sie zu empfangen. Sie zu genießen.

Oder, falls sie unangenehm waren, Ihr Fazit zu ziehen und zu lernen. Aus dem Schönen lernen, um es zu wiederholen, zu verstärken. Aus dem Bitteren lernen, um es zu vermeiden, an sich vorbeiziehen zu lassen. Alles dient dem Wachstum. Die Lernenden erkennen einander und halten die Augen offen für das Abenteuer Leben.

Vielleicht haben Sie sich daran gewöhnt, sich alle Wünsche jetzt sofort und gleich direkt erfüllen zu können. Ihre materielle Situation ist glänzend. Sie sind gesund, karrierebewußt, ehrgeizig, beliebt und optimistisch. Als in Ihnen der Wunsch wuchs, zu innerem Frieden zu kommen, glaubten Sie, daß Sie den Weg abkürzen und auch das Glück besitzen könnten.

Der Weg zur seelischen Reife und Harmonie ist mit Stolpersteinen gepflastert. Sie dienen dem Wachstum und entstehen aus den Unvollkommenheiten der individuellen Seele. Kein Mensch kann dem anderen die notwendigen Schritte abnehmen. Ich kann nicht für einen anderen die Suppe essen, die ihn satt macht.

Da also jeder seinen eigenen Weg zu gehen hat, braucht jeder Zeit und Ruhe zum Überdenken, Innehalten, Ausprobieren, für Fehlschläge, Experimente und Erfolge. Deshalb heißt das Motto: Geduld haben. Nicht aufgeben. Und Ausdauer zeigen. Lassen Sie uns unsere Ungeduld besiegen und gemeinsam wachsen. In Ruhe.

War der vergangene Tag gut?

Die Zukunft war früher auch besser.
KARL VALENTIN

Am Ende kommt es auf folgendes am meisten an:
Wie rückhaltlos hast du gelebt?
Wie gut hast du geliebt?
Wie gründlich hast du das Loslassen gelernt?
GAUTAMA BUDDHA

Diese Frage kann den allabendlichen Rück-
blick einleiten. Zuerst kommen wir zur Ruhe,
atmen tief durch und lassen die Anspannun-
gen des Tages hinter uns. Wir erinnern uns
der Ereignisse. Die Sorgen und Probleme
streifen wir ab, denn im Augenblick können
wir sie nicht lösen. Der nächste Tag wird sich
ihrer annehmen.

Dann lassen wir die schönen Erlebnisse
wieder vor unserem inneren Auge auftau-
chen. Die kleinen und großen Geschenke des
Tages ziehen langsam an uns vorüber. Wir
grübeln nicht über die Unvollkommenheiten
der Vergangenheit. Vielleicht sehen bestimm-

te Vorkommnisse in ein paar Tagen anders aus, oder unser Urteil hat sich verändert. Wir erkennen in den Schwierigkeiten des Tages die Herausforderungen und Möglichkeiten unserer Zukunft.

Wir können in der Rückschau den Tag auch einer wohlwollenden Kontrolle unterwerfen. Sind wir unserem Ziel ein Stück näher gekommen? Was könnten wir ändern? Sind wir auf dem Weg zur inneren Harmonie? Sind wir so, wie wir sein wollen? Was müssen wir annehmen? Über welche Unvollkommenheiten müssen wir uns hinwegtrösten?

Schlafen wir mit dem Gefühl der Dankbarkeit ein. Wenn wir wahrhaftig und bescheiden sind, müssen wir uns eingestehen, daß uns viel unverdientes Glück zuteil wird. Tag für Tag.